Hans-Peter Jantzer / Wolfgang Krieger

Rockmusik in der sozialpädagogischen Gruppenarbeit

Hans-Peter Jantzer / Wolfgang Krieger

Rockmusik in der sozialpädagogischen Gruppenarbeit

Ziele – Methoden – Konzepte

VWB – Verlag für Wissenschaft und Bildung

Die Deutsche Bibliothek – CIP-Einheitsaufnahme

Jantzer, Hans-Peter:
Rockmusik in der sozialpädagogischen Gruppenarbeit : Ziele -
Methoden - Konzepte / Hans-Peter Jantzer/Wolfgang Krieger.
- Berlin : VWB, Verl. für Wiss. und Bildung, 1995
ISBN 3-86135-156-0
NE: Krieger, Wolfgang:

Verlag und Vertrieb:
VWB – Verlag für Wissenschaft und Bildung, Amand Aglaster
Markgrafenstr. 67 • 10969 Berlin • Postfach 11 03 68 • 10833 Berlin
Tel. 030 / 25 04 15 • Fax 030 / 251 04 12

Druck:
GAM-Media GmbH, Berlin

Mit der Rockmusik lösen sich die Zungen der Kinder, erzählen sie Dinge aus ihrem Leben, die sie im direkten Gespräch verschweigen. Das Lied der 14jährigen Nadine "Herbst in SO 36" bringt Erstaunliches zutage:

> Herbst in SO 36 / die Blätter werden braun
> / da kam' wir in 'nen Laden / da stand ein
> Kasten Bier, / da klauten wir jeder eins /
> und soffen es zu zweit. / Da kam 'ne Bande
> Jungen, / die hauten wir zusammen, / Das
> macht Spaß, das macht Spaß, / das macht
> Spaß, das macht Spaß ...
>
> Herbst in SO 36, / die Blätter werden
> braun, / mein Bruder haut die Schwester, /
> sie ärgert ihn zuviel. / Sie klaut ihm sein'
> Atari / er haut sie mit dem Stock. / Dann
> sitzt sie in der Ecke / und hat die Hose voll.
> / Das find ich ganz toll, / find ich gut, ganz
> toll.
>
> Herbst in SO 36, / die Blätter werden
> braun. / Gestern hab ich einen umge-
> bracht, / ich wußte nicht warum. / Ich habe
> einfach Lust gehabt. / In einem Alptraum
> in der Nacht.

(Textbeispiel aus dem Rockprogramm der Kreuzberger Musikalischen Aktion 1991)

Inhalt

1. Einführung in das Thema

Pop- und Rockmusik ist im Jugendhilfebereich in immer stärkerem Maße zu einem nicht zu vernachlässigenden Medium einer Bildungs- und Kulturarbeit geworden. Sie hat zudem gezeigt, daß sie ein wirksames Mittel zur Persönlichkeitsförderung Jugendlicher sein kann. Um dieser Doppelbedeutung der Arbeit mit Rockmusik konzeptionell und qualifikatorisch entsprechen zu können, sind für musikpädagogische Einrichtungen mit sozialpädagogischer Grundorientierung Fachlichkeit, Professionalität und eine adäquate Ausstattung erforderlich. Für die sozialpädagogische Arbeit mit Jugendlichen[1], die sich an den Interessen und Fähigkeiten ihrer Zielgruppe orientiert, ist es unerläßlich, wesentliche Ausdrucksformen und -bedürfnisse junger Menschen aufzugreifen und in die konzeptionelle Überlegung miteinzubeziehen. Die Jugendlichen sind von klein auf mit Musik konfrontiert. Musik - und hier in fast neunzig Prozent der Fälle Pop- und Rockmusik - ist für die 10 bis 18-Jährigen, und wohl vielfach über diese Altersspanne hinaus, ein wesentlicher Faktor ihrer Lebenswelt, gemeinsamer Nenner der Freizeitgestaltung, Ausdrucksmöglichkeit der Persönlichkeit, Fixpunkt im Prozeß der Identitätsfindung und nicht zuletzt stets präsentes Moment in nahezu allen Lebensbereichen. Die Beschäftigung mit Rockmusik ist Beschäftigung mit einer zeitgenössischen Musikkultur, die Aufschlüsse über das Zusammenwirken von Mensch, Musik, Kultur und Gesellschaft geben kann, Anstöße und Anregungen für die themen- und zielorientierte Kommunikation unter Jugendlichen liefert und ihnen Möglichkeiten zur Wiederaneignung von Sinnlichkeit und Sinnhaftigkeit eröffnet. Zeitgemäße Jugendarbeit steht vor der Aufgabe, populäre, in der jugendlichen Lebenswelt stark verbreitete kulturelle Erscheinungsformen als sinnstiftendes und allgegenwärtiges Element der Lebensgestaltung zu reflektieren und in die pädagogische Freizeit-, Bildungs- und Sozialarbeit zu integrieren. Die Jugendarbeit ist daher aufgefordert, die kulturellen Ausdrucksformen Jugendlicher ernst zu nehmen und sie nachdrücklicher, systematischer, fachlicher und professioneller in ihre Angebots- und Interventionspalette einzubeziehen, ohne die der sozio-kulturellen Betätigung mit Rockmusik innewohnenden Frei- und Schonräume zu demontieren.
Musikkultur und Gesellschaft bedingen einander. Musikmachen heißt kreative Auseinandersetzung mit sich selbst und anderen, erfordert die kreative Nutzung vielfältig vorhandener sowie erst zu erwerbender Fähigkeiten, birgt Möglichkeiten des ganzheitlichen Lernens mit "Kopf, Herz und Hand" (Hering/Hill/Pleiner 1993, S. 49) und der individuellen und kollektiven Erfahrung. Ein Blick in die Realität bestätigt sehr schnell den Sachverhalt, daß gerade die soziale Kulturarbeit und im besonderen die sozialpädagogische Arbeit mit Rockbands

---

[1]   Wenn im folgenden von 'der Jugendliche' gesprochen wird bzw. die männliche Form Anwendung findet, so sind in jedem Fall beide Geschlechter gemeint.

sehr stark eine "ABM-Kulturarbeit" ist, welche Langfristigkeit und kreative Entwicklungs-prozesse nur in wenigen Fällen zuläßt. (Hering/Hill/Pleiner 1993, S. 16) "Die Zuständigkeit der Jugendhilfe ist angesichts der spezifischen Sozialisation vieler junger Rocker nicht ganz unberechtigt. Fehlende Schulabschlüsse, chancenarme Berufsperspektiven, ergebnislose Stel-lensuche, eigene kriminelle Erfahrungen sowie Probleme im Elternhaus sind einige der Kenn-zeichen ihres Lebesalltags." (Porcher/Ortmann 1989, S. 10)

Im weiteren Verlauf meiner Arbeit wird - so hoffe ich - deutlich, wie eng Sozialarbeit und Kulturarbeit miteinander verflochten sind. Rainer Treptow führt dazu folgendes aus: "Das kulturelle Mandat der Sozialpädagogik richtet sich auf eine Unterstützung der kulturellen Selbstbehauptung von Gruppen, deren ethnische, geschlechts- oder generationsbezogene Lebens- und Erfahrungsformen gefährdet oder mißachtet werden. (....) Geht es um eine För-derung und Unterstützung der kulturellen Selbstbehauptung bestimmter Gruppen im Hin-blick auf Lebensstil und Erfahrungsform, so übernimmt Sozialpädagogik einen weiteren Part von Kulturarbeit in einem engeren Sinn: musisch-ästhetische Bildung als Gegenstandsaneig-nung und -gestaltung." (In: Hering/Hill/Pleiner 1993, S. 21) Brigitte Schäfer erklärt den kul-turpädagogischen Aspekt der Arbeit im Praxisfeld Rockmusik so: "Kulturpädagogik durch-bricht das gewohnte passive, rein additive Aufnehmen und Konsumieren und nutzt die un-mittelbare Lebenswelt mit ihrer Alltäglichkeit und ihren besonderen Anlässen (....) als Hinter-grund für ein aktives, subjektorientiertes Handeln und Gestalten. Kulturpädagogik eröffnet Handlungs- und Erfahrungsspielräume, in denen Kultur erfahrbar wird als etwas, was mit dem eigenen Leben zu tun hat, als gestalteter und gestaltbarer sozialer Prozeß, der selbstver-ständlich und nützlich-befriedigend gebraucht und verändert werden kann." (In: Hering/ Hill/Pleiner 1993, S. 23) Soziale Kulturpädagogik, wie sie in der Zielformulierung vieler Pra-xiskonzepte angesprochen wird, sucht Schäfers Ansatz folgend "Antworten auf gesellschaft-liche Herausforderungen, auf Zersplitterung von Lebenswelten, gegen die Aufdringlichkeit kommerzieller (Kinder- und) Jugendkultur und gegen die Dominanz der Medienwirklich-keit". (In: Hering/Hill/Pleiner 1993, S. 24)

Praxisprojekte im Bereich sozialpädagogischer Arbeit mit Rockmusik versuchen:

 - verlorengegangene Sinnzusammenhänge einzelner Lebensbereiche wieder transparent zu machen und ein sozialpädagogisches Netz zu spannen, in dem sich das Vertraute im eigenen Alltag mit dem Neuen, Unbekannten vermengt und Kindern und Jugendlichen ein Stück Par-tizipation an ihrer Umwelt ermöglicht wird, indem Anlässe zur Neu- und Mitgestaltung ihres sozialen und kulturellen Umfeldes geboten werden.

 - dem Verlust an Anschaulichkeit und direkter Wahrnehmungsfähigkeit ein begleitetes Angebot an vielseitiger schöpferischer Tätigkeit entgegenzusetzen.

 - Betätigungs- und Spielräume gemeinschaftlich zu erschließen, in denen Kinder und Ju-gendliche nicht mehr nur in der Rolle passiver Konsumenten oder in der Rolle kleiner Nach-ahmer von Erwachsenenkultur verhaftet bleiben.

- Kindern und Jugendlichen ein solches künstlerisch-handwerkliches Wissen zu vermitteln, das sie in die Lage versetzt, ihre Gestaltungswünsche und -ideen in eine realisierbare Form umzusetzen. Gemeint ist zum einen der Zugang zur eigenen praktischen (instrumentalen) Kreativität, zum anderen auch der Umgang mit musikalischen und theatralischen Ausdrucksformen als Voraussetzung für ein reflexiv-kritisches, selbstverständliches und selbstbewußtes Umgehen mit ihrer Kunst.

- die Lernsituation einzubetten in die alltägliche Lebens- und Erfahrungswelt der Jugendlichen, die Ermöglichung eines Lernens mit allen Sinnen und jenseits eines rein sprachlichen oder rein kognitiven Vorgangs.

- den spielerischen Charakter ihrer Angebote zu betonen, wobei sich das Spielerische meiner Ansicht nach insbesondere auf die gerade **nicht** zwanghafte Lernsituation bezieht, in der ein durchaus ernsthaftes Rockmusik-Projekt entstehen kann.

2. Bedeutung und Funktion der Gruppe / Gruppenarbeit

Wenn man sich über das Phänomen Gruppe informiert, dann sieht man sich mit Definitions-aussagen wie der von Martin Irle konfrontiert, der unter Gruppe im engeren Sinne ein "Aggregat von Personen" versteht, die miteinander agieren, gewisse Normen gemeinsam haben und in einem Interaktionsprozeß miteinander stehen. (In: Batel 1985, S. 177) Oder man entdeckt eine Aussage über die Gruppe im weiteren Sinne: Nach Manfred Sauer ist eine Gruppe dann gegeben, wenn "Ansätze von Beziehungen zwischen den Personen bestehen und im Prinzip eine Interaktion zwischen ihnen möglich ist." (In: Batel 1985, S. 177)

Zur Legitimation eines gruppenpädagogischen Angebotes für Kinder und Jugendliche sind die oben genannten Aussagen ungenügend und unergiebig. Viel weiter, so denke ich, kommt man, wenn man sich die Funktionen von Gruppen, von Peergroups, etwas genauer ansieht, sich auch die Gemeinsamkeiten der jugendkulturellen Gruppen vergegenwärtigt und den Wert, den Peergroups als Indikatoren gesellschaftlicher Problemlagen darstellen, sich klar-macht.

2.1 Die Peergroup als Sozialisationsinstanz

Übereinstimmend schreiben alle Fachleute der Peergroup, der Gleichaltrigengruppe also, ei-ne wachsende Bedeutung im Sozialisationsprozeß zu. Für immer mehr Kinder und Jugendli-che übernehmen Peers, wie sie abgekürzt genannt werden, "zu einem immer früheren Zeit-punkt ihrer Biographie sozialisierende Funktionen". (Baacke 1982, S. 468) "Offenbar", so erklärt es Baacke, "sind Familie, Schule oder andere pädagogische Einrichtungen nicht mehr in der Lage, Jugendlichen in allen Fällen und in allen Bereichen das Maß an Orientierung zu geben und ihnen die Befriedigung zu gewähren, die sie für ihr Leben brauchen." (Baacke 1982, S. 468) Eckart Machwirth weist der Peergroup gar die "zentrale Funktion der Soziali-sation" zu, die es geraten erscheinen läßt, sich sehr eingehend mit den Prozessen in den Gleichaltrigengruppen zu befassen und diese sehr ernst zu nehmen. (In: Batel 1985, S. 178) Es scheinen also wenig Zweifel an der Funktion der Peergroups als wesentliche Sozialisa-tionsinstanzen im Leben von Kindern und Jugendlichen zu bestehen.

2.1.1 Die Funktion, Bedeutung und Chance der Peergroup

Günther Batel unterscheidet noch einmal zwischen Peergroups von Kindern und von Jugendlichen. Erstere sind noch in der Ausformung begriffen und ihre Beziehungsnetze sind noch locker geknüpft; das Bewußtsein, einer homogenen Altersgruppe zugehörig zu sein, ist noch nicht so ausgeprägt. Letztere kennen schon eher Solidarität und ein Zusammengehörigkeitsgefühl. Wir wollen diese Unterscheidung im folgenden übernehmen. (Vgl. Batel 1985, S. 181 f.)

Interessanterweise wird, wenn die Funktionen und Bedeutungen von Gleichaltrigengruppen betrachtet werden, fast zwangsläufig die Verbindung zu musisch-kreativen Feldern mit erwähnt, quasi als erfolgversprechendes Tandem. So fällt beispielsweise auf, daß Batel auch und gerade auf musischem Sektor den Wert von Gruppen herausstreicht.

Den Kinder-Peergroups kommen hauptsächlich folgende Funktionen zu:
- Erfahrung von primären Sozialkontakten, die zur Herausbildung des sozialen Ichs unerläßlich sind.
- Nivellierung unterschiedlicher familialer Sozialisationsauswirkungen.
- Kreative Entfaltungsmöglichkeiten und eine Intensivierung der Ausdruckskraft.
- Kontinuierliche Chance zur Identitätsbehauptung.
- Weiterentwicklung intimer und spontaner Sozialbeziehungen.
- Befriedigung von gemeinsamen Gefühls- und Bewegungsbedürfnissen innerhalb eines gewohnten sozialen Kontextes.
- Kompensation unterdrückter Gefühls- und Ausdrucksbedürfnisse.
- Ausgleich vorhandener Betätigungsdefizite.
- Soziale Integration von Außenseitern und Minderheiten.
- Vollzug von Integrationsbestrebungen und Akkulturationsprozessen mit Modellcharakter für andere Kultur- und Gesellschaftsbereiche.
- Verarbeitung von Aspekten der Auseinandersetzung mit und Abgrenzung von der Erwachsenenwelt.
- Lustvolles Erleben von körperlichen Funktionen.

Die wichtigsten Leistungen der Peergroups für Jugendliche sind hingegen:
- Entwicklung von eigenständigen, tragfähigen Orientierungsmustern.
- Anstreben und Erreichen von Verhaltenssicherheit.
- Gewährung eines hohen Maßes an Sensibilität und Offenheit.
- Vermittlung von Sicherheit und Anerkennung des jugendspezifischen Status'.
- Erprobung abweichender Verhaltensweisen.
- Nivellierung der individuellen Sozialisationsgeschichte in der Gruppe.

- Persönliche Identitätsbildung.
- Entwicklung eigener Wertvorstellungen und Internalisierung derselben.
- Als wichtige Sozialisationsinstanz zeigt die Gruppe, daß das Leben nicht in Schule und Arbeit aufgeht.
- Emotionaler Rückhalt, Ermöglichung von Stabilität in einer instabilen Phase.
- Solidarität in der Gleichaltrigengruppe bei gleichzeitigem Streben nach Exzentrizität, nach Selbstdarstellung.
- Entwicklung eines ausgeprägten Wir-Gefühls und kollektive Geborgenheitserlebnisse.
- Erfahrung starker Intensitätserlebnisse.
- Erprobung und Erfahrung erotischer Bedürfnisse, Klärung der Geschlechtsrolle.

2.2 Gemeinsamkeiten jugendkultureller Gruppen[2]

Den Wert von Peergroups in dem für die Jugendhilfe relevanten außerschulischen Bereich unterstreichen folgende Aussagen, die komprimiert und konzentriert wesentliche Gemeinsamkeiten jugendkultureller Gruppen festhalten:
- Peergroups haben für ihre Mitglieder eine emotional entschieden größere Bedeutung als andere Gruppen wie z.B. Schulklassen, Betriebsgruppen, etc.
- Der Zusammenhalt (Kohäsion) der Gruppen ist entweder stark gefährdet oder hyperstabil. Die Neigung zu Extremen ist groß, die Belastung dadurch natürlich auch, wie z.B. in Rockbands[3], in denen der Kampf um Bestand sehr hart ist, gleichzeitig eine starke Abschottung nach außen erfolgt, aufgrund der großen Emotionalität und Verletzlichkeit die Gefahr der narzißtischen Kränkung von innen und von außen gegeben ist und eine gewisse Angst vor einer Blamage eigentlich durchgehend mitschwingt.
- Außerschulische Gruppen sind meist im Freizeitbereich angesiedelt. Dies führt zu einer positiven Besetzung (psychische Entlastung, Ausgleich).
- Jugendgruppen haben ein starkes Definitionspotential bis dahin, daß sie die Identität eines ihrer Mitglieder fast vollständig bestimmen können.
- Alle Mitglieder haben ein aktives Interesse am Profil der Gruppe.
- Die subjektiv-psychische Bedeutung der Peergroup für ihre Mitglieder ist zu umreißen durch die Stichworte: Originalität, Narzißmus, Jugendzentrismus, Identifikation und Identität.

---

[2] Nach Baacke 1982, S. 468
[3] Mit dem Wort 'Band' ist im Rahmen dieser Arbeit immer der englische Ausdruck für 'Musikgruppe' gemeint.

- Jugendgruppen produzieren häufig eigene ästhetische Standards und kulturell geprägte Wahrnehmungswelten. Es entstehen kulturelle Muster einer alternativen Gesellschaft und Vorwegnahmen von Utopien.

2.3 Die Peergroup als Indikator

Nach Baacke sind "Jugendgruppen auch Indikatoren für nicht gelöste gesellschaftliche Probleme" (Baacke 1982, S. 475), d.h. gesellschaftliches Konfliktpotential wird thematisch und inhaltlich von Peergroups aufgegriffen und verarbeitet. Jugendkulturelle Gruppen werden zu Produzenten von Sinn in einer häufig orientierungslosen Gesellschaft. Sie tragen bei zum Aufbau eines moralischen Gerüstes und helfen, Standpunkte zu vertreten, in der Regel bis zu dem Maß, daß persönliche Überzeugung und gelebter Lebensstil übereinstimmen.

Gruppen sind in der Lage, sensibel gesellschaftliche Mißstände zu registrieren und moralische Gradmesser für die Zustände in einer Gesellschaft zu sein. Sie können aber auch Tendenzen eines jugendlichen Hedonismus und Narzißmus, von Haß und Menschenverachtung usw. verstärken und bis zur Eskalation bringen. Anfällig hierfür sind vor allem Jugendliche, die durch übertriebenes Anspruchsdenken von seiten der Erwachsenen, zu hohen Erwartungsdruck und individuelle und kollektive Fehleinschätzung schwer zu verarbeitenden Frustrationen erfahren haben. Dazu kommt, daß der hohe Konformitätsdruck, dem sich Jugendliche von seiten der Peergroups ausgesetzt sehen, tendenziell zu so großer Kohärenz in der Gruppe führen kann, daß angstfreies Kommunizieren unmöglich ist.

3. Die Musik und ihre Wirkungen

Während im letzten Kapitel die Bedeutung gruppenspezifischer Prozesse dargestellt wurde, soll es in diesem Kapitel um Musik und ihre Wirkungen beim Rezipienten gehen. Über die Wirkungen des aktiven Musizierens liegen inzwischen umfangreiche Untersuchungen und Kenntnisse vor, die sich die musikpädagogische Gruppenarbeit mit sozialpädagogischem Anspruch zunutze machen kann.

Nach Jorgos Canacahis-Canas (vgl. Hering/Hill/Pleiner 1993, S. 53) ist sicher, daß Musik stimulierende, unterstützende und auslösende Funktionen haben kann.
Sie kann
- physiologische Wirkungen hervorrufen, die Muskeln des Körpers anregen und antreiben und somit Bewegung, Entspannung oder Anregung auslösen.
- auf die Psyche wirken. Musik kann Gefühle und Stimmungen verändern und damit die psychische Dynamik mobilisieren.
- Kommunikation auf anderen, unbelasteten Ebenen ermöglichen. Dies bedeutet Erleichterung und Vereinfachung des zwischenmenschlichen Kontakts und somit Verbesserung zwischenmenschlicher Beziehungen.
- die Assoziationspotentiale im Organismus aktivieren und die Imaginationskräfte ungeahnte Wege beschreiten lassen.
- schöpferische Energien verfügbar machen und auf spielerischem Weg - mit der daraus entstehenden Fähigkeit, sich ausdrücken zu können - mit der Welt im Hier und Jetzt in Beziehung treten lassen.
- die Erlebnis- und Genußfähigkeit steigern und die Fähigkeit zu einem differenzierteren ästhetischen Erlebnis verbessern.
- die Wahrnehmungsfähigkeit entwickeln, verfeinern und ausbilden helfen.

Hermann Rauhe faßt die psychologischen Funktionen der Musik in zwei Gruppen zusammen: (In: Kleinen 1975, S. 16)
1. Individualpsychologische Funktionen:
Unterhaltung, Zerstreuung, Betäubung, Trost, Überwindung der Einsamkeit, Stimulierung, Entspannung, Befriedigung des Geltungsbedürfnisses, Realitätsflucht.
2. Sozialpsychologische Funktionen:
Statussymbol, Gruppensymbol, Mittel der Abgrenzung, Vehikel von Gemeinschaftserlebnissen, Kompensation, Selbstfindung und Selbstidentifikation.

Günther Kleinen zitiert in seiner Arbeit über die Psychologie des musikalischen Verhaltens die Arbeitsergebnisse einer amerikanischen Wissenschaftlerin namens Patricia Farrell. (In: Kleinen 1975, S. 19) Untersucht wurden junge Menschen, die aktiv Musik betreiben. Farrell konnte die folgenden Funktionen und Wirkungen von Musik feststellen:

Musik
- wirkt integrierend (integrative).
- gibt die Möglichkeit einer geistigen Erfahrung (spiritualistic).
- wird als beiläufige, gelegentliche Betätigung aufgefaßt (incidental).
- fördert Kommunikation (communication).
- wird um ihrer selbst willen betrieben (music purist).
- wird um des sozialen Status willen betrieben, den sie signalisiert (social status).
- gewährt psychologischen Ausgleich (psychological).
- läßt Gemeinschaft erfahren (collective).

Den Musikbegriff auf 'populäre Musik' verengend, be- und umschreibt Jürgen Terhag die Funktion populärer Musik für Jugendliche als
- Daseinserleichterung, Affektidentifikation und vitale Extase,
- Fluchtvehikel aus einer nicht bewältigten Umwelt,
- Ausdruck des Protests,
- Mittel zum Sozialkontakt,
- Erweiterung des Vorstellungsbereichs einer Eigenwelt der Jugend,
- Mittel zur Erfahrung subkultureller Identität mit Präferenz bis ans Lebensende.
(Terhag 1989, S. 93)

Fazit: Die Zurückgewinnung der Musik für junge Menschen als nicht nur elektronisch-technisches Geschehen, sondern als kommunikativer, sozialer und handwerklicher Prozeß sollte zum Ausgangspunkt emanzipatorischen und kulturellen Lernens gemacht werden. Gerade und besonders im gruppendynamischen Rahmen des Praxisfeldes 'Sozialpädagogik und Rockmusik' scheinen sich die positiven Momente der Gruppenarbeit einerseits und die positiven Funktionen der Musik andererseits zu vereinigen und zu einem fruchtbaren Instrument bei der Bewältigung jugendspezifischer Problemlagen im Jugendhilfebereich zu werden.

4. Das Medium Rockmusik

Der Versuch, Rockmusik per Definition zu beschreiben muß all die sozio-kulturellen Begleit-umstände miteinbeziehen, die über das rein musikalische Phänomen hinausweisen. Gemeint sind die Zusammenhänge zwischen Musik und sozialen Beziehungen (Peergroups), zwischen Musik und sozial-räumlichen Orientierungen, zwischen Musik und Moden bzw. Lebenssti-len, zwischen Musik und Freizeitindustrie, usw. So verstanden ist Rockmusik mehr als nur ein 'Stil' in der populären Musik, sie transportiert eine Vielzahl sozio-kultureller Bedeutungs-gehalte: Sie dient bei Jugendlichen - und mehr und mehr auch bei Erwachsenen - als Aus-druck für ein Lebensgefühl bzw. zur Darstellung eines Lebensstils und der Zugehörigkeit zu einer kulturellen Szene.

Die zentrale Prämisse "Rockmusik erreicht die Sprache und das Denken Jugendlicher und setzt an ihrer Gefühlswelt an" (Hering/Hill/Pleiner 1993, S. 40), die viele Autoren auch in dieser Deutlichkeit verwenden, gilt besonders für den Umgang mit Erotik, Sexualität, Fami-lie und Umwelt. Diese ansonsten eher tabuisierten oder mißverständlich dargestellten Berei-che werden in der Rockmusik vielfältig thematisiert und musikalisch, textlich und in Büh-nenshows szenisch von jungen Menschen verarbeitet - gleichwohl aber auch kommerziell ausgebeutet.

"Insofern bietet Rockmusik den Anlaß und die Gelegenheit zur ästhetischen Inszenierung ei-nes ganzen Bündels von Bedürfnissen, wie es z.B. bei Konzerten, in Discos, auf Parties usw. geschieht. Die Musik und der soziale Rahmen, in dem sie konsumiert und seltener auch aktiv produziert wird, unterstützen Körpergefühl, Sinnlichkeit, körperliche und erotische Aus-strahlung und Attraktivität." (Hering/Hill/Pleiner 1993, S. 40) Musik und ihr Ambiente bie-ten einen attraktiven Rahmen zum Erproben der Selbst- und Fremdwahrnehmung, das wäh-rend der Adoleszenz eine wichtige Funktion für die Entdeckung der eigenen Persönlichkeit hat. Bisher für den Jugendlichen gültige Vorstellungen über das, was er kann, und das, was er nicht kann, werden fallen gelassen, neue Rollen werden übernommen, ein ständiger Rol-lenwechsel ist möglich. Aufgrund der positiv erlebten Erweiterung der eigenen Möglichkei-ten entwickelt sich eine Anhebung des Selbstwertgefühls, die fast jeder benötigt, der heute in sozialpädagogischen Arbeitsfeldern betreut wird.

4.1 Die Funktionen von Rockmusik

"Grundsätzlich sollte man davon ausgehen, daß Rockmusik vielen Jugendlichen im Sinne eines lebensweltlichen Deutungsmusters funktional dient." (Vouillème 1987, S. 7) Einige dieser vor allem sozialpsychologischen und entwicklungspsychologischen Funktionen von Rockmusik sollen im folgenden benannt und beschrieben werden.

► Kommunikationsfunktion:

Sowohl die Rezeption als auch das aktive Spielen von Rockmusik leisten eine kommunikative Verständigung über lebensweltliche Wirklichkeit. "Schon das Hören von Rockmusik stellt somit eine lebenspragmatische Kategorie in der Auseinandersetzung der Subjekte mit der Wirklichkeit dar, die zugleich kreative Potentiale der modernen Subjektivität berührt." (Vouillème 1987, S. 42) Die aktive Auseinandersetzung mit textlichen Aussagen über lebens- und alltagsbezogene Themen beim Texten eigener Rocksongs, die Reflexion der Themen innerhalb der Band, die Auseinandersetzung mit Texten nach Konzerten im Freundeskreis haben einen hohen kommunikativen Wert. "Die textliche Struktur von Rocksongs kommt dabei bestimmten Bedingungen lebensweltlicher Kommunikation insofern entgegen, als sie keineswegs etwas kausal beweisen, sondern eher geglaubt werden will." (Vouillème 1978, S. 48) Desweiteren bietet Rockmusik ein System von Deutungen, Symbolen und Regeln, das rockmusikorientierten Jugendlichen den Interaktionsprozeß untereinander erleichtert und fördert. "Rockmusik schafft so Empathiefähigkeit und kommunikative Kompetenz innerhalb der jugendlichen Rock-Kultur." (Spengler 1985, S. 186) Uli Hußing bestätigt: "Rockmusik ist in den Peergroups ein bedeutsamer Kommunikationsinhalt." (Hußing 1982, S. 314) Und gerade das gemeinsame Musizieren ist wesentlich auf Formen nonverbaler Kommunikation angewiesen. Das Zusammenspiel in einer Gruppe ist daher geeignet, eine Menge kommunikativer, gruppenbezogener Effekte auszulösen (Körpersprache, 'Vibrations', Bandkleidung etc.), ohne daß ein Anstoß von 'außen' notwendig ist. Das Ziel, ein Musikstück auf die Bühne zu bringen, zwingt die beteiligten Jugendlichen geradezu, die hierfür notwendigen Prozesse und Regeln kommunikativ auszuhandeln.

► Regressionsfunktion:

Der Zusammenhang von Musik und Regressionsbedürfnis wird von W. Revers folgendermaßen beschrieben: "Im Musikerlebnis lassen wir uns gleichsam in uns zurücksinken bis zu jenem Ursprung des Zu-sich-selbst-Kommens und der Selbstfindung, zu der uns eine Melodie erweckte. Wir versenken uns dabei zurück in den Ur-Widerhall unserer musikalischen Innerlichkeit (....), nur ist diese 'Regression' nicht aus der Ohnmacht, sondern aus der Macht des Selbst geboren (....). Die musikalische Versenkung ist eine kontemplative Rückkehr zu sich selbst aus der emotionalen Zerstreuung in unserer alltäglichen Betriebsamkeit. In der Sammlung und Versunkenheit des Musikerlebnisses holen wir uns selbst aus dieser Zerstreuung und Verlorenheit immer wieder herein in die Gegenwart des Ursprungs unserer Selbstfindung." (Revers 1970, S. 132 f.) Diese Aussage steht im Gegensatz zur realitätsfremden, zerstörerischen Kraft, die der Rockmusik oft zugeschrieben wird. Ein im Rock gesuchter Ausgleich gegenüber den eigenen Unzulänglichkeiten bei der Bewältigung des Alltags muß jedoch nicht von vornherein gleichbedeutend sein mit Flucht, sondern kann ebenso verstanden werden als Quelle von Energie, Freude und Phantasie, um diesen Alltag wieder besser bewältigen zu können. Rockmusik quasi als Batterie, die unsere Phantasien wieder auflädt. Rockmusik ist ein symbolisches Medium, das einem doppelten Zweck zugeführt wird: Zum einen Fluchtburg, um sich zumindest zeitweise vor der Realität verschanzen zu können, zum anderen gelingt es den Jugendlichen in der Regression zumindest das symbolisch festzuhalten, was ihnen in der Wirklichkeit schon längst entglitten ist. Da Rockmusik die Vorstellungen einer besseren Welt wachhält, verbreitet sie Optimismus und stärkt damit den Willen zum Durchhalten.

► Aktivierungsfunktion:

Rockmusik bringt auch Aktivität im kreativ-künstlerischen Bereich. Weder die Hausmusikbewegung noch der Jazz schafften so intensiv wie Rock ein Interesse für musikalisches Empfinden und für aktives Musizieren. Autodidakten erlernen selbständiges Spiel ohne theoretische Vorbelastung oder traditionelle Musikschulung. Neben dem Nachspielen (neudeutsch: covern) inspiriert Rockmusik viele Amateurmusiker zum Gebrauch der Phantasie beim Komponieren eigener Songs - Träume eines jeden Musikpädagogen! Außerdem entwickelt sich durch die aktive Beteiligung in Bands mit rockspezifischen Inhalten das 'soziale Gewissen' des Jugendlichen. Schließlich schafft Rockmusik durch ihre betonte Rhythmik und Intensität eine Aktivierung und Erfahrung der eigenen Körperlichkeit.

► Kompensationsfunktion:

Helmut Vouillème sieht in der Kompensation von Versagungen durch die Rockmusik eine wichtige lebensweltliche Funktion: Kompensation von Versagungen, "die durch eine zweckrationale Kolonisierung der Lebenswelt entstehen". (Vouillème 1987, S. 47) Durch stark emotionsbetonte Songs wird die Kälte des Alltags ausgeglichen und in der Gruppe ein Klima der emotionalen Geborgenheit erreicht.

► Stabilisierungsfunktion:

Durch die konzentrierte Arbeit an einem längerfristigen Musikprojekt mit Regeln und Gesetzlichkeiten, über das Gewinnen neuer Ansichten und Erfahrungen bezüglich des Bewußtseins etwas einmal 'durchgezogen' zu haben und es nicht 'hingeschmissen' zu haben, erreichen die Jugendlichen eine Form von Durchhaltevermögen und Stabilität, verbunden mit der Erkenntnis ungeahnter Potentiale, die auch und gerade für Schule und/oder Beruf verwertet werden können.

► Motivationsfunktion:

Das im vorherigen Punkt Erwähnte gilt auch für diese Funktion. Hinzu kommt, daß die Aussicht, sich musikalisch präsentieren zu dürfen, den Idolen nacheifern zu können und eine Rolle auszufüllen, die Anerkennung und Prestigegewinn in Erwartung stellt, ungeheure Motivationskräfte ans Tageslicht bringt, Energien, die weit über den rockmusikalischen Alltag hinausreichen.

► Protestfunktion:

Jugendbezogene Rockmusik vermittelt auch immer ein anarchistisches Lebensgefühl mit Protestformen (Kleidung, Songtexte, Performances, theatralisch-anarchisches Bühnenverhalten), die als authentischer Ausdruck jugendlicher Teilkultur verstanden werden können. In ihrer zugespitzten Form ist Rockmusik auch immer Gegenentwurf einer neuen, besseren Gesellschaft und Protest gegen die Erwachsenenwelt und angepaßte Gleichaltrige. Dazu kommt, daß durch das Spielen in einer Rockband sehr stark der Wunsch nach unentfremdeter, selbstbestimmter Arbeit aufkommt und Protest gegen bestehende und belastende Arbeits- und Lebensverhältnisse laut wird. Aus dem Alltag auszubrechen ist eine große Sehnsucht Jugendlicher, die rockmusikalisch thematisiert und inszeniert wird.

► Abgrenzungsfunktion:

"Es zeigt sich am Beispiel der rockmusikalischen Praxis, daß vielen Jugendlichen das Verständnis der eigenen Subjektivität gerade dadurch gelingt, daß sie eine Negation vorgefundener etablierter kultureller Systeme versuchen und an deren Stelle neue Kulturformen erzeugen" (Vouillème 1987, S. 98), damit sich von einer ungeliebten Welt abgrenzen und so eigenes Profil, eigene Identität gewinnen. Uli Hußing spricht von einer "identitätsbildenen Abgrenzungsfunktion". "Rockmusik macht Jugendliche von ihren Eltern kulturell unabhängig." (Hußing 1982, S. 314)

► Spiegelfunktion:

Hußing spricht von einem "Spiegel, der Träume sichtbar macht". (Hußing 1982, S.314) Und um bei dem Bild des Spiegels zu bleiben: Durch die aktive Arbeit in einer Rockband, durch das kreative Improvisieren und Komponieren entdecken Jugendliche im Spiegel ihrer Möglichkeiten völlig neue Ansatzpunkte, neue Seiten an sich und entwickeln so neue Lebensbewältigungsstrategien.

► Politisierungsfunktion:

In der Rockmusik, so schreibt Uli Hußing, erhalten sich Sehnsüchte und Träume, progressiv gedeutet als "Manifestation authentischer Wünsche" und als "Vorstufe zu politischem Handeln". (Hußing 1982, S. 318) In bestimmten gesellschaftspolitischen Bereichen (vgl. die Pro-Ausländer-Konzerte im Jahre 1993) ist die Rockszene gar Initiator und Vorreiter einer Protestwelle, bezieht Stellung und übernimmt die politische Wortführerschaft.

► sozialtherapeutische Funktion:

Dieser Aspekt der Rockmusikarbeit zieht sich "meist unausgesprochen, aber konzeptionell in fast allen Praxisprojekten mitgedacht, durch die musikpädagogische Betreuung". (Ortmann 1988, S. 9) Schlagworte wie z.B. Alltagsflucht, Ich-Stärkung durch Identifikation, Training sozialen Verhaltens, Solidarität, Frustrationsabbau sind allgegenwärtig.

► Entspannungsfunktion:

Ein der Rockmusik gegenüber negativ eingestellter Mensch wird seine aggressiven Streß-empfindungen, die er beim (zwangsweisen) Hörerlebnis erleidet, auch beim Rock-Fan ver-muten. Dem ist nicht so. "Rockmusik dient vor allem einer psychosomatischen Entspan-nung, die den in Beruf und Schule aufgebauten Druck partiell zurücknimmt." (Vouillème 1987, S. 78) R. Dollase sieht in der beruhigenden und entspannenden Wirkung von Rockmu-sik letzlich systemfunktionale Eigenschaften. Rockmusik kompensiert den Alltagsstreß. (Vgl. Dollase 1974, S. 138 ff.)

► Experimentierfunktion:

Bedingt durch den einfachen Aufbau dieser Musik und die Möglichkeit, sofort ohne große Vorbildung damit anfangen zu können, bietet Rockmusik ein lockendes Experimentierfeld für lustvolle Erfahrung spontaner Aktivität, die zu einer emotionalen Vergewisserung von Identität beiträgt.

► Funktion der Vermittlung von Sinnlichkeit:

Rockmusik entspricht dem Bedürfnis von Jugendlichen, ihre sinnlichen Erfahrungen und Le-bensgefühle authentisch repräsentiert zu sehen. Ihre Vermittlung ist damit eine Alternative zu der von ihnen erlebten Theorielastigkeit an anderen Lernarten. Rockmusik macht durchge-hend Angebote, die das Lebensgefühl junger Menschen anregen und beeinflussen und derer sich Jugendliche auf ihrer Suche nach dem Sinn ihrer Existenz gerne bedienen. Rockmusik erzeugt zwar keine neuen Lebensorientierungen oder reaktiviert verlorengegangene Sinn-traditionen, sie bietet aber ein populäres Medium, um Sinnfragen zu thematisieren, sowie spielerisch und unkompliziert Antworten zu erproben. Mehr noch, Rockmusik bezieht sich nicht allein auf den Sinn lebensweltlicher Existenz, sondern auf die gesamte Fülle alltäglicher Erfahrungen.

► lebensweltliche Bildungsfunktion:

Über die jahrelange Rezeption von Rockmusik konstituieren viele Jugendliche eine Form von historischer Kontinuität, die Sinn und Orientierung in der Lebenswelt ermöglicht. So hat Rockmusik einen differenzierten Erfahrungsbereich eröffnet, in dem sie über die 30 Jahre ih-rer Entwicklung hinweg verschiedenen Generationen von Jugendlichen und jungen Erwach-senen eine bestandige Auseinandersetzung mit ihren Artikulationsformen abverlangte. Für je-den Rockinteressenten besteht so die Möglichkeit, über das Medium seinen Lebenshorizont neu zu bestimmen und eine veränderte Deutung der Wirklichkeit zu versuchen. (Vgl. Vouillème 1987, S. 91)

► Freisetzung von Gefühlen:

Wie derzeit kein anderes populäres Medium ist Rockmusik (besonders auch in Verbindung mit dem Video-Clip) imstande, existenzielle Lebensgefühle spontan freizusetzen, sowie verständlich, einfach und plakativ zu thematisieren.

► Orientierungsfunktion:

In der Lebensphase des Übergangs von der Kindheit in das Erwachsenenalter befindet sich der Jugendliche in einer nach Orientierung ringenden Position, in der individuelle Entwicklungsleistungen und -aufgaben und kollektive sozio-kulturelle Unsicherheitsaspekte aufeinandertreffen und sich zu einer von jungen Menschen als krisenhaft und beängstigend erlebten Zeit verdichten. Wirtschaftliche Rezession, Arbeitslosigkeit und Ausbildungsplatzunsicherheit, Bürokratisierung und Rationalisierung führen neben Kriegsschrecken und Umweltproblematik gerade bei Jugendlichen zu Zukunftsängsten, die sich dann wiederum in Resignation, Depression, Apathie oder Aggression ausdrücken können. Diese Zeit des Übergangs von mehreren Jahren bis zu einem Jahrzehnt nagt am Selbstwertgefühl und an der Selbstachtung junger Menschen. Besonders leidvoll ist diese Zeit, wenn der angestrebte und der tatsächliche soziale Status scheinbar unkorrigierbar auseinanderklaffen. "Der Jugendliche braucht zur Bewältigung seiner Krise die Gruppe, die ihm soziale Anerkennung, Halt und Geborgenheit vermittelt, wobei die Erfahrungen in der Gleichaltrigenclique entscheidend von Rockmusik beeinflußt und durch sie wiederum zum Ausdruck gebracht werden. So leistet Rockmusik Orientierung in der Gemeinschaft, ermöglicht Identifikationen, bietet Verhaltensvorschläge an, befriedigt das Schutzbedürfnis altersbedingter Verunsicherung und trifft damit genau die stimmungsmäßigen Situationen jugendlichentwicklungsbedingter Selbstkrise." (Spengler 1985, S. 163) Denn Rockmusik hat vor allem den Anspruch, auf reale Probleme und Gefühle einzugehen. Sie bietet in unserer durchorganisierten und verplanten Welt noch wirkliche Kreativitäts-, Spontaneitäts- und Phantasieräume. Die Orientierung an Rockmusik stellt den Versuch dar, eine Position zu finden, gegen gesellschaftliche Hindernisse anzugehen, aktuelle Erfahrungen, die Jugendliche machen (Sinnlosigkeit, Langeweile, Orientierungslosigkeit, Gefühlsleere, gesellschaftliche Stagnation, Unveränderbarkeit, Kaputtgehen sozialer Beziehungen, psychisches Chaos) zu verarbeiten und zu überwinden.

► Sozialisationsfunktion:

Die Familie als primäre Sozialisationsinstanz ist nicht in vollem Umfang imstande, dem Heranwachsenden verbindliche Normen und Werte zu vermitteln oder gar die Faszination der Altersgleichen und deren Wertvorstellungen zu ersetzen. "Das Kernstück der sozialen Bedeutung der Rockmusik", schreibt Peter Spengler, "ist in besonderem Maße beinhaltet in der Chance, durch sie jugendspezifische Aufgaben zu bewältigen, die allen Heranwachsenden in unseren Industriestaaten gestellt werden." (Spengler 1985, S. 15) Die Sozialisation bezieht sich vor allem auf die gesellschaftlichen Aspekte der Kultur, den sozialen Prägungs- und Eingliederungsprozeß, welcher die junge Generation an die gesellschaftliche Ordnung heranführen und soziale Verhaltensweisen, Werte und Normen vermitteln soll. Dabei ist wichtig, daß der Sozialisationsbegriff nicht mit Anpassungsmechanismen überlastet werden darf, denn neben sozialer Konformität ist auch nicht-konformes, autonomes und schöpferisches Verhalten für den eigenen und den gesellschaftlichen Fortschritt bedeutend. Rockmusik verbreitet eine bestimmte Atmosphäre, ein Sozialisationsklima gewissermaßen, das für den Aufbau von Individualität, personaler Entfaltung, der Personalisation von jungen Menschen also, von großem Wert ist. Indem sie dem Jugendlichen Spontaneität, Intensität und Selbstdarstellung ermöglicht, ruft Rockmusik Emotionen hervor, formt Stimmungsbilder und leistet letztlich wichtige Arbeit bei der Entwicklung zur Persönlichkeit. W. Sandner schreibt resümierend: Damit ist Rockmusik "die zur Zeit wichtigste kulturelle Sozialisationsinstanz". (In: Spengler 1985, S. 189)

► Solidaritätsfunktion:

Rockmusik schafft Solidarität untereinander und mit den Inhalten, die verarbeitet werden, vor allem vor dem Hintergrund einer Ablehnung der Erwachsenenwelt.

► Integrationsfunktion:

Durch die Übernahme weitgehender traditioneller Geschlechtsrollen einerseits und provokanter neuer Rollenansätze hat die Rockmusik einen integrativen Charakter bezogen auf das Vereinen alter und neuer Denkmodelle über die Rollen der Geschlechter.

► Intensitätsfunktion:

Thomas Ziehe weist darauf hin, daß man laute Rockmusik körperlich 'hört', daß sie nicht nur über das Ohr, sondern über den ganzen Körper aufgenommen wird. Geräusche werden gespürt, sie 'gehen unter die Haut', sie erzeugen eine größere Intensität als Sehen oder Fühlen, denn der Hörsinn ist unser intensivster Sinn. Ein Rock-Fan, der sich seine Musik laut anhört oder laut spielt, versucht im Grunde nur durch "akustische Herstellung von Intensitätserlebnissen" sich seiner selbst zu vergewissern und somit Realität herzustellen oder aber diese zu vervollständigen. (Vgl. Ziehe/Liede 1982, S. 305) Das Gleichbleibende, Monotone, dem Herzschlag Ähnliche, ist eine Form der Intensität, mit der kleine Kinder Geborgenheit verbinden. Selbst die Musiktherapie wendet 'pulsierende Bässe' zur Beruhigung an, Bässe, wie sie ultratief und brachial in der Discomusik und beim Heavy Metal auftauchen. Der Jugendliche kriecht gleichsam in den "magischen Uterus der rhythmisch pulsierenden Klangwelt hinein, die ihn unbewußt an das vorgeburtliche Stadium erinnert", ihm Geborgenheit und Sicherheit verschafft. (Vgl. Flender/Rauhe 1989, S. 161) So ermöglicht laute Musik schließlich Intensitätserfahrungen über Gefühle der Euphorisierung und des Glücks - bei dem, der sie liebt. Außerdem wirkt der junge Mensch mit lauter Musik hör- und spürbar auf seine

Umwelt ein, er inszeniert und beeinflußt eine Situation seines Lebens, wozu ihm sonst wenig Gelegenheit gegeben wird. Thomas Ziehe hat die Lautstärke der Rockmusik auch als "Überwindung der Angst vor Stille" bezeichnet und redet seinerseits vom Phänomen des "kollektiven Uterus" beim regressiven, lustbetonten Hören von Rockmusik. (Vgl. Ziehe/Liede 1982, S. 307) Den Hunger nach Intensität, den junge Menschen nicht nur bei Rockmusik empfinden, deutet Ziehe so, indem er schreibt: "Wir flüchten nicht aus der Realität, sondern wir vervollständigen sie." (Ziehe/Liede 1982, S. 304) Ziehe meint damit, daß sich unangenehme Situationen im Leben weit besser bewältigen lassen, wenn man sie akustisch unterlegt, die Realität also musikalisch befriedigend ergänzt und sie so erträglich gestaltet - also weniger eine Flucht vor der Realität als eine ästhetische Bearbeitung realer Situationen.

► Identitätsfunktion:

E. H. Erikson stellt fest, daß "Identitätsbildung als ganzheitliche Aufgabe in komplexen Gesellschaften wie der unsrigen wegen des dort vorherrschenden Pluralismus und der Rollenvielfalt oft sehr diffus, konfliktreich und langwierig verläuft". (In: Spengler 1985, S. 110) Die psychosozialen Krisen der Adoleszenz sind also nach Erikson primär dadurch gekennzeichnet, daß der Jugendliche bei gleichzeitigen mannigfachen Rollenangeboten dem inneren Wunsch nach Herstellung von Ich-Identität nicht so einfach und erfolgreich nachgeben kann. Zur Auflösung der Rollendiffusion und zur Erlangung von Ich-Identität müssen die verschiedenen Identitäten im Jugendalter (Rollenvielfalt: Schüler, junger Mann, werdender Liebhaber, Sohn, Bruder, etc.) harmonisch in Einklang gebracht werden, so daß am Ende der Adoleszenz diese Identitäten nicht mehr miteinander im Konflikt stehen. Identität ist also kein Produkt von Vitalität und Lebensfreude oder ungebrochener Natur, sondern immer ein Kompromiß mit gesellschaftlichen Lebens- und Überlebensmöglichkeiten! Die Hinwendung zur Rockmusik, ihren Angeboten bezüglich Lebensformen und Lebensstilen, ist somit ein bedeutender Lösungsversuch der jugendlichen Selbstverwirklichungs- und Identitätskonflikte. Rockmusik wird in einer entwicklungspsychologisch wichtigen Zeit für den Jugendlichen wertvoll. Sie bietet dem Jugendlichen eine Reihe brauchbarer (und unbrauchbarer) Identifikationsmuster an. Ob der junge Mensch nun die identitätsbildende Kraft solcher Identifikationsmuster nutzt oder nicht, steht auf einem anderen Blatt. Entscheidend ist aber die Chance zur positiven Identifikation und Identitätsausbildung durch die Rockmusik.

► Assoziationsfunktion:

Im Leben eines jungen Menschen verbindet sich Rockmusik assoziativ sehr oft eng mit bestimmten bedeutsamen Erlebnissen (z.B. erste Liebe, erster Urlaub ohne Eltern, erster Job, erstes Auto). In diesem breiten Assoziationsspektrum von Rockmusik, den Illusionen, Visionen und Aussagen bei einer nichtsdestotrotz konsensfähigen Ideologie bei jugendlichen Rezipienten liegt ein weiterer Bonus dieser Musikrichtung.

► Kollektivierungsfunktion:

Jugendkultur mit ihrem wesentlichen Merkmal der Betonung von Gruppen- und Wir-Gefühl ermöglicht kollektive Identität und kollektives Selbstbewußtsein gerade auch durch den gemeinsamen Widerstand gegen die Erwachsenenwelt.

► Schonraumfunktion:

Um die Krisen der Identitätsbildung bewältigen zu können und um sich in seiner sozialen Umwelt zu orientieren, bedarf der Jugendliche eines Schonraumes, eines Spannungsfreiraumes in der Zeit zwischen Sexualreife und Sozialreife. Erikson bezeichnet diesen Schonraum als "psychosoziales Moratorium". (In: Spengler 1985, S. 121) In diesem Schonraum kann der Jugendliche auf der Suche nach Ich-Identität sich mit anderen in ähnlicher Problemlage solidarisieren und in einer Peergroup zusammenschließen. Er kann sich nach zukunftsweisenden Verhaltensvorbildern, Idealen und modellhaften Leitbildern, wie sie gerade die Rockkultur anbietet, umsehen.

Die hier genannten Funktionen können keinen Anspruch auf Vollständigkeit erheben. Das Anliegen war vielmehr, zu zeigen, welche enorme Wirkungsvielfalt Rockmusik hat und daß diese Funktionen auch in der Konzeption von Praxisprojekten Berücksichtigung finden sollten. Desweiteren tauchen sie auf in Beschreibungen von Zielperspektiven im Rahmen sozialpädagogischer Arbeit mit Rockmusik. Um bei der Darstellung von Praxisprojekten nicht immer wieder bestimmte Wirkweisen erklären zu müssen, sind sie in diesem Kapitel vorweggenommen.

5. Pädagogik und Rockmusik

5.1 Der Anspruch an die pädagogische Praxis

Was Rockmusik heute leisten kann ist, Anknüpfungspunkt zu sein für spezialisierte Jugendhilfeangebote. Angebote, die den Lebensweltbezug junger Menschen herstellen, einen bestimmten Gebrauchswert haben, soziale Bindungen fördern und kooperative Arbeitsformen beinhalten. Rockmusik in der Jugendarbeit erschöpft sich nicht im belanglosen, dilettantischen Musik-Machen oder Musik-Hören. An sozialpädagogisches Handeln werden eine Reihe von hohen Anforderungen gestellt.

Wer mit Rockmusik in der (sozial-)pädagogischen Praxis arbeiten will, sollte
- **emanzipatorisch** denken, denn die emanzipatorische Chance der pädagogischen Arbeit liegt in der Überlassung von Freiräumen für Spaß, Vergnügen, Sinnlichkeit und Phantasie, die Möglichkeiten zur kreativen Verarbeitung gesellschaftlicher Realität und zur Verfremdung des Alltäglichen gewährleisten. Das emanzipatorische Potential liegt in der Freisetzung subjektiver, expressiver, eigener Kräfte in den vielen unterschiedlichen Bewußtwerdungsprozessen mit sinnlich-authentischen Verläufen und deren Entwicklung, Inszenierung und Veröffentlichung.
- **musikalisch-handwerklich** denken, da die Vermittlung musikalischen Basiswissens und instrumentaler Fähigkeiten den Ausgangspunkt der Arbeit darstellt.
- **kulturpädagogisch** denken, da der Ansatz, Jugendlichen zu kulturellen Äußerungen und Aktivitäten zu verhelfen, nur in Auseinandersetzung mit ihrer Lebenswelt, deren spezifischen ästhetischen Standards sowie medialen und kommunikativen Strukturen Sinn erhält.
- **geschlechtsrollenkritisch** denken, um Rollenbilder und -klischees bewußt 'präsent' zu haben, anstatt sie stillschweigend fortzuschreiben und zu verstärken.
- **gruppenpädagogisch** denken, um die Chancen kooperativer Tätigkeiten, sozialer Bindungen, persönlichkeitsstabilisierende Momente usw. zum Nutzen der Zielgruppe zur Entfaltung bringen zu können.
- **strukturell** denken, um die Voraussetzungen einer sozialpädagogischen Arbeit zu sichern und zu garantieren, die sich, über die gewohnten Grenzen hinaus als vernetzende und vermittelnde Instanz zwischen pädagogischen, künstlerischen, politischen, ökonomischen und verwaltungsmäßigen Strukturen begreift.
(Vgl. Hering/Hill/Pleiner 1993, S. 48)

5.2 Der Anspruch an die Mitarbeiter/-innen

Das Praxisfeld 'sozialpädagogische Arbeit mit Rockmusik' stellt an die Mitarbeiter (Frauen wie Männer) eine Reihe differenzierter Ansprüche, denen sie mit einem limitierten Verständnis pädagogischer Möglichkeiten im Sinne eines strengen Ressortdenkens (Suchtpädagogik, Straffälligenpädagogik, Ausländerpädagogik, etc.) oder eines engen sozialtherapeutischen Methodenverständnisses nicht gewachsen sind. Eine Vielzahl organisatorischer Tätigkeiten (Veranstaltungsplanung, Kooperation mit Musikern und Szenemenschen aus dem Einzugsgebiet, technisches Know-How, etc.), neuer Qualifikationsanforderungen (z.B. theoretisches Musikverständnis, instrumentale Kenntnisse auf mindestens zwei Instrumenten, Arrangierfähigkeiten, etc.) und pädagogischer Sensibilitäten (z.B. Gleichrangigkeit pädagogischer und künstlerischer Absichten) wollen miteinander abgestimmt und letztlich als Arbeitsplatzbeschreibung auch vom Träger abgesegnet werden. All die notwendigen Qualifikationen können beim gegenwärtigen Ausbildungsstand nicht vorausgesetzt werden. Eigene Neigungen und Talente sind mit einzubringen. Fortbildungsangebote sollten wahrgenommen werden und man sollte sich nicht davor scheuen, fremdqualifizierte Mitarbeiter aus den musisch-künstlerischen Bereichen zu gewinnen.

5.3 Der geschlechtsspezifische Ansatz

Geschlechtsspezifische Konzepte sind modern und auch im Praxisfeld Rockmusik angesagt. Gleichwohl sind einige Voraussetzungen und Bedingungen zu beachten, bevor man an ein solches Projekt herangeht.

- Notwendig ist eine kompetente Auseinandersetzung mit den im Rock-Business gängigen Männer- und Frauenrollenbildern und mit den darauf bezogenen Klischees in Texten, Bühnenpräsentation und Musikvideoclips etc.

- Der Mythos der Rockstars, der Rock 'n' Roll Gypsies, die Art zu leben und Konflikte auszutragen, sind ebenso zu hinterfragen und kritisch zu reflektieren (Alkohol-Exzesse, Groupie-Wesen, Sexualverhalten, Frauenverachtung).

- Das Klischee des omnipotenten 'Frontmans' (aus dem Englischen für Leadsänger), der abgehoben von allem Irdischen (Michael-Jackson-Effekt) und jenseits von Gut und Böse seine Kreise zieht, muß ebenso kritisch beleuchtet werden.

- Rockmusik bietet Diskussionsgrundlagen genug, sich mit Widersprüchlichkeiten, Rollenaufteilungen und Machtstrukturen innerhalb von Bands auseinanderzusetzen.

- Musikalische Jungenarbeit könnte der Versuch sein, mit Jungen ungewöhnliche Arrangements und Aufgabenteilungen zu erarbeiten (Chorarbeit, Perkussionsarbeit, exotische Instrumente).

- In gemischten Gruppen ist darauf zu achten, daß keine stereotypen Rollenverteilungen vorgenommen werden (Frau macht den Gesang, der Mann ist Gitarrist oder Drummer). Schon bei der Instrumentenauswahl ist darauf zu achten, daß nicht die Reproduktion bestimmter Verhaltensmuster schon vorprogrammiert ist, sondern ungehemmt nach Neigungen ausgewählt werden kann.

- Geschlechtsspezifische Rockprojekte haben die jeweils eigenen Arbeitsweisen von Jungen und Mädchen zu berücksichtigen, was z.B. das Verhalten zur Technik, das Ausprobieren von eigenen Wünschen, die Auswahl von Inhalten und die Dominanz im Gruppenprozeß anbelangt.

- Geschlechtsspezifische Ansätze haben auf seiten der Mädchenbands einen großen Bedarf an Musikerinnen und Anleiterinnen, die den Mädchen als Modelle für den Umgang mit Equipment und Öffentlichkeit dienen können.

- Es gilt, für Mädchen auch auf dem Wege der Rockmusikarbeit Auftrittsmöglichkeiten, Bewegungsflächen, Treffpunkte, Räume, Nischen, Technik und Medien zu erschließen, die bislang eher von Jungen/Männern dominiert werden.

- Schließendlich geht es darum, Mädchen einen qualifizierten Instrumentalunterricht zu garantieren plus einer Betreuung, die verhindert, daß die Mädchen in bloße Nachahmerrollen verfallen. Die Vermittlung von Selbstbewußtsein im Umgang mit eigenen Ausdruckskräften, Gestaltungswünschen und Inszenierungsutopien muß dabei großes Gewicht erhalten.

5.4 Der Manipulationsverdacht, das Lockmittel oder der 'Um-zu-Effekt'

Naturlich machen sich Pädagoginnen und Pädagogen reichlich Gedanken darüber, welches Medium zum Erreichen der angestrebten Grobziele am geeignetsten sei. Und Untersuchungen über Jugendarbeit belegen eben auch deutlich, daß dort Rockmusik an erster Stelle steht. Musik ist oft der einzige Weg, mit Jugendlichen in Kontakt zu kommen. Die Herstellung einer Kommunikationsbasis gelingt meist nur mit Hilfe von musikalischen Aktivitäten wohlbemerkt jugendspezifischer Musik. Der Pädagoge, der diese jugendlichen Äußerungsformen nicht differenziert und interpretativ durchdringt und teilnehmend miterlebt, kann nur sehr schwer Ansprechpartner für ihre Probleme sein. "Ein Jugendlicher, der sich durch Rockmusik von der Erwachsenenwelt abgrenzen will, wird mit Protest oder Kommunikationsverweigerung reagieren", so Peter Spengler, sobald er erkennen muß, daß "seine Musik nur als

Lockmittel verwendet wird, er in Wirklichkeit aber über sie pädagogisch beeinflußt werden soll". (Spengler 1985, S. 208) So oder ähnlich äußern sich einige kritische Stimmen zur Arbeit mit Rockmusik im sozialpädagogischen Praxisfeld. Vorschnell wird die Rockmusik in diesem Zusammenhang in ständige Zweckbestimmungen gebracht und soll (legitim oder nicht legitim?) zur Erreichung sozialpädagogischer Ziele verhelfen, quasi Rockmusik als 'Erste-Hilfe-Leistung' für Schäden und Defizite, die von gesellschaftlichen Bedingungen, oder anders ausgedrückt, von den in ihnen wirkenden Menschen verursacht worden sind. Auch aktuell gilt die Aussage: Die Ziele einer Rockmusikpädagogik im Sozialwesen liegen außerhalb der Musik! Oder anders formuliert: Das Produkt der sozialpädagogischen Arbeit mit Rockmusik, nämlich das finale Auftreten der Rockband, und das Präsentieren der gewonnenen musikalischen Fähigkeiten und Fertigkeiten im Rahmen eines Rockkonzertes tritt gegenüber dem sozialpädagogischen Prozeß und dem sozialpädagogischen Lernziel in den Hintergrund. Während in anderen künstlerischen Bereichen die Sozialarbeit neben dem Prozeß auch das Produkt als durchaus relevant und aussagekräftig ansieht, wie z.B. beim Malen oder Theaterspielen, wird Rockmusik eher stiefmütterlich in dieser Beziehung behandelt. Deshalb spielen musikalische Kriterien und Ansprüche oft im Praxisprojekt explizit nur eine untergeordnete Rolle. Die Jugendlichen sehen dies anders. Der Manipulationsverdacht läßt sich so nur schwer ausräumen. Die Folge dieses 'Um-zu-Effektes' (= Musikmachen um pädagogische Ziele zu erreichen) ist ein vielkritisierter Dilettantismus in der Jugendarbeit, der kontraproduktiv zu sein scheint, denn die Berührungsängste der Künstlerszene, die als unterstützende Kraft von unschätzbarem Wert wäre, gegenüber pädagogisch-musischen Projekten sind nach wie vor groß. Hinzu kommt, daß Verwaltungsvorgaben und in politischen Gremien geäußerte und festgelegte Rahmenvorstellungen von 'effektiver Pädagogik' diesen rockmusikalischen Dilettantismus geradezu verordnen, indem ernsthafte Versuche kreativ-künstlerischer Arbeit mit dem Argument behindert werden, mit öffentlichen Mitteln könnten professionelle künstlerische Ambitionen von Jugendlichen und Pädagogen nicht gefördert werden. Daß mit dem Nicht-Erreichen eines musikalischen Levels und der verfehlten Verselbständigung von sozialpädagogisch betreuten Rockbands auch die sozialpädagogischen Ziele gefährdet sein könnten bzw. einen herben Rückschlag erleiden könnten, wird übersehen. Künstlerisches Arbeiten potenziert und intensiviert kreative Fähigkeiten. Kreativität ist nicht nur Voraussetzung für künstlerisches Schaffen, sondern sie wächst auch in ihm. Die Beschäftigung mit Rockmusik und die musikalische Arbeit in Rockbands fördert nicht nur die Kreativität - für neue Ideen, Erfindungen, Einsichten und Entdeckungen, die auch von sozialem Nutzen sind - sondern wirkt auch in Form von praktisch-kreativen Lösungen für Probleme des täglichen Lebens.

5.5 Zielperspektiven im Praxisfeld 'sozialpädagogische Arbeit mit Rockmusik'

Spricht man von Zielen im Rahmen der sozialpädagogischen Arbeit mit Rockmusik, so kommt man nicht umhin, sozialpädagogische und musikpädagogische Ziele voneinander getrennt zu betrachten und diese zu bestimmen. Gleichwohl - und das ging aus dem letzten Kapitel hervor - sind beide Ziele interdependent, d.h. bezogen auf mein Thema ist kein sozialpädagogisches Ziel ohne ein musikpädagogisches Ziel isoliert zu erreichen. Beispiel: Das sozialpädagogische Grobziel 'Selbstwertsteigerung' korreliert signifikant mit dem musikpädagogischen Fernziel 'öffentlicher Auftritt der Rockband', und zwar bezogen auf das Individuum in gleicher Weise wie bei der gesamten Gruppe. Beide Zielperspektiven sind zwar pragmatisch beschreib- und definierbar, in der Praxis allerdings bilden sozialpädagogische und musikpädagogische Ziele ein Tandem und sind methodisch-didaktisch auch immer im Gesamtzusammenhang zu betrachten. Trotzdem sollen an dieser Stelle zum besseren Verständnis musikpädagogische und sozialpädagogische Ziele getrennt aufgeführt werden.

Musikpädagogische Ziele sind: (Vgl. Berghaus u.a. 1980, S. 33 ff.)
- Erweiterung des musikalischen Horizonts durch das Angebot eines breiten Spektrums von Musik und vieler methodisch-didaktischer Hilfen von Anleiterseite.
- Begegnung mit bekannter und fremder Musik sowie die Bereitschaft zur damit verbundenen Auseinandersetzung.
- Standortbestimmung des eigenen Musikgeschmacks bzw. Interesses und gegebenenfalls eine damit zusammenhängende Relativierung.
- Kritische Durchleuchtung von Zusammenhängen in der Musik.
- Erkennen und Erkunden von Zusammenhängen zwischen Musik und Gesellschaft.
- Anregung zur Eigenproduktion durch das Erfahren der eigenen Kreativität und der Kommunikationsmöglichkeit durch Musik.
- Konstituierung von Musikgruppen im Jugendhaus bzw. Orientierung auf den Produktionsbereich / die Szene, um sich bestehenden Musikgruppen anschließen zu können.
- Darstellung und Diskussion eigener musikalischer Aktivitäten.

Sozialpädagogische Ziele sind:
- Schaffen eines Sozialisationsklimas, in dem junge Menschen ihre individuelle Kreativität und ihren authentischen Ausdruck entwickeln können.
- Ein eigenes Bewußtsein, eine personale Identität entwickeln können.
- Mit einer Vielzahl sozialer Aktivitäten / gruppenspezifischer Interaktionen umgehen können und emotionale Prozesse reflexiv verarbeiten können.

- Bildung eines Gruppenzusammenhalts / Identifizierung mit der Gruppe einerseits und andererseits Stärkung der individuellen Position des einzelnen Gruppenmitgliedes.
- Wesentliche musikalische und zwischenmenschliche Erfahrungen durch gemeinsames Auswählen, Arrangieren, Komponieren, Inszenieren und Diskutieren von relevanten Themen und Inhalten machen können.
- Erfahrungen im Umgang mit Öffentlichkeit machen können.
- Verantwortung übernehmen in der Organisation, Planung und Ausführung von Probearbeit und Auftritten.
- Auseinandersetzung mit jugendspezifischen Themen durch Thematisierung im Bandalltag.
- Toleranz und verantwortungsvolles Umgehen mit den Gruppenmitgliedern.
- Stärkung von Selbstvertrauen und Selbstachtung.
- Persönliche Stabilität auch über den Bandrahmen hinaus.
- Integration des Jugendlichen in den sozio-kulturellen Background seiner Lebenswelt.
- Verständnis bei Eltern gewinnen für die sozialen und musischen Anliegen ihrer Kinder; etc.

Bei der nun folgenden Vorstellung von Praxisprojekttypen werden noch etliche Zielperspektiven deutlich, die hier nicht genannt sind. Wichtig ist es mir, aufgezeigt zu haben, welche Absicht man mit musikpädagogischen und sozialpädagogischen Zielbeschreibungen verfolgt.

6. Typen von Praxisprojekten

Die Realisierung des Anspruchs, mit Jugendlichen rockmusikalisch tätig zu sein und einen gewissen sozialpädagogischen Impetus verfolgen zu können, ist auf unterschiedlichste Weise möglich. Angefangen von privater Initiative, über staatliche Trägerschaft, konzipiert auf der Grundlage eines bestimmten Menschenbildes oder mit der Bedingung, bestimmte Ansätze verfolgen zu können, intensiv betrieben oder als zusätzliches Freizeitangebot nebenher, musikalisch anspruchsvoll oder naiv-experimentell - es gibt einiges an rockspezifischen, praxisorientierten Projekten in der Bundesrepublik Deutschland. Im folgenden Kapitel werde ich exemplarisch fünf Säulen der sozialpädagogischen Arbeit auf außerschulischem Gebiet mit Rockmusik vorstellen und auf die konzeptionelle Ausrichtung, auf Methoden, Inhalte und Zielperspektiven näher eingehen.

6.1 Die Musikwerkstatt

Musikwerkstätten tragen der Tatsache Rechnung, daß Rock- und Popmusik, improvisierte Musik und andere Stilformen (Rap, Hip-Hop, etc.) für Jugendliche prägend und im Alltag allgegenwärtig sind. Die Institutionen der musikalischen Bildung (Schulen, Musikschulen, Konservatorien) haben die populäre Musik zwar inzwischen entdeckt, ein engagiertes Eingehen auf die konkreten Bedürfnisse der Jugendlichen ist jedoch noch nicht festzustellen. Von einer angemessenen pädagogischen Kompetenz für diesen kulturellen Zweig sind die Institutionen, von wenigen Spezial-Schulen (z.B. GIT und BIT = Gitarren- und Bass-Institut in Köln und München) einmal abgesehen, weit entfernt. Demgegenüber steht ein großes Potential an Rock- und PopmusikerInnen, vom begeisterungsfähigen Anfänger über den Amateur bis zum Profi. Die Proberaumsituation und anschließenden Auftritts- und Arbeitsmöglichkeiten sind ungenügend, das gleiche gilt für die qualifizierte Betreuung und Begleitung von jungen Bands bis zur Verselbständigung. Dies sind allesamt Bedingungen, die eine Chancengleichheit von Begabungen und Talenten in diesem Bereich nicht gewährleisten. Zwar wissen die jungen 'Rock-Freaks' meist sehr genau, wie es musikalisch weiterzugehen hätte, alleine, sie scheinen nicht zu berücksichtigen, wie weit und einschneidend gesellschaftliche, politische und ökonomische Faktoren ihren Werdegang mitbestimmen.

Ein wichtiges Lernfeld wäre demnach sicher auch für junge Menschen, die zu diesem Business sich hingezogen fühlen, Aufklärung über die Mechanismen des Marktes, über Fördermittel und Weiterbildungsmaßnahmen zu erhalten und mögliche Tätigkeitsfelder in der Musikindustrie kennenzulernen.

Die 'Beratung der Berater' ist ein weiterer Fixpunkt heutiger pädagogischer Bemühungen im Bereich von Rock und Pop. Dabei treffen einerseits Musikprofis (als Mitarbeiter oder Honorarkräfte) zum ersten Mal überhaupt auf den systematischen Umgang mit musikpädagogischen und sozialpädagogischen Problemen und die sozialpädagogisch ausgebildeten JugendarbeiterInnen andererseits erleben, welche Faszination und Eigendynamik in diesem Medium 'Rockmusik' steckt und welche Flexibilität gefordert ist.

6.1.1 Konzeption

Der Werkstattbegriff bezeichnet ein offenes Angebot im Musikbereich, in dem auf unterschiedlichen Startniveaus die Aneignung und der Erwerb eines stilistisch mehr oder minder eingeengten musikalischen Handwerks möglich gemacht wird. Im großen und ganzen erfolgt diese Aneignung mehr praktisch als theoretisch, als ein zeitlich befristetes Workshop-Angebot oder als ein Bandprojekt, das auf mehrere Jahre hin angelegt werden kann. "Musikwerkstatt im Bereich von Jugendarbeit heißt konkret Aneignung von Spielweisen der Rockmusik unter Anleitung oder Betreuung von erwachsenen RockmusikerInnen aus dem Amateur- oder Profilager, die über eine qualifizierte sozialpädagogische Ausbildung verfügen." (Porcher/Ortmann 1988, S. 7) Betont sei hierbei der Experimentiercharakter der Arbeit, das 'Learning by doing', der Prozeß und die Methode des Erlernens von musikalischen Fertigkeiten. Prozeß und Produkt stehen auf gleichstarken Beinen. Wichtige **konzeptionelle Eckpunkte** sind:

- Es gibt ein stillschweigendes Mitspracherecht der jungen TeilnehmerInnen.
- Teamwork in der Leitung der Projekte, die demokratische Prozesse von unten berücksichtigt, ist zu realisieren.
- Der sozialtherapeutische Aspekt, der im Medium Rockmusik steckt, wird betont. (Siehe Porcher/Ortmann 1988, S. 9)
- Rockmusikarbeit mit dem Anspruch einer musikalisch-ästhetischen und künstlerischen Bildung.
- Die Zuständigkeit und das Engagement der Jugendhilfe ist angesichts der Sozialisationsgeschichte vieler junger RockmusikerInnen vonnöten und gefordert (Förderung, Sozial-Sponsoring).
- Es besteht ein kulturpädagogischer und kulturpolitischer Anspruch der Musikwerkstätten, da die Musikgruppen durch ihr 'öffentliches Wirken' zum kulturellen Angebot der Region gehören und jungen ortsansässigen Zuhörern kulturelle Identität geben.
- Die enge Verzahnung sozialpädagogischer und musikpädagogischer Ansätze ist dabei

besonders hervorzuheben, die sich gerade in der Arbeit mit jungen Menschen aus wenig günstigen Milieubedingungen im außerschulischen Bereich als sehr leistungsfähig erweist. (Vgl. Musikwerkstatt Reutlingen 1993, S. 29 ff.)

- Soziale Kulturarbeit, wie sie hier verstanden wird, ist emanzipatorische Sozialarbeit mit ästhetisch-kulturellen Mitteln und Methoden.

Wegen des hohen Motivationscharakters der Rockmusik können auch und gerade solche Jugendliche angesprochen werden, die im Rahmen anderer Bildungseinrichtungen schon längst abgeschrieben worden sind. Diese Jugendlichen erfahren eine Entfaltung von verschütteten oder neu entdeckten Fähigkeiten, Anerkennung und Akzeptanz (erst in der Gruppe, später durch die Öffentlichkeit).

6.1.2 Methodik und Didaktik

Erwähnen möchte ich in diesem Kapitel zwei Methodenkonzepte. Das erste möchte ich das 'stufenlose Modell' nennen (vgl. Musikwerkstatt Reutlingen) und das zweite das 'Stufenmodell' (vgl. Musikwerkstatt Botnang). Beide Modelle sind praxistauglich, funktionieren seit längerem und sind effektiv. Doch zunächst etwas Grundsätzliches, das beiden Methoden eigen ist: Großen Wert wird auf den ganzheitlichen Anspruch der Methodik gelegt. Der Spaß am Musikmachen, die affektive Komponente, ist enorm wichtig und stützt die Lernmomente. Generell spricht man vom 'handelnden Lernen'. Die Arbeit ist demnach sehr praxisbezogen und die 'Theoriebelastung' hat immer eine praktische Umsetzung zur Folge.

A. Das stufenlose Modell:

- Stufenlos heißt: keine Einschränkung des Teilnehmerkreises bezüglich musikalischer Vorbildung und Kenntnisstand, sozialer Herkunft, Nationalität und Geschlecht.
- Grundsätzlich wird Bandarbeit angeboten (integrativ-ganzheitlicher Ansatz). Der Handlungsansatz ist umschreibbar als eine an Instrumente gebundene Gruppenarbeit.
- Der Schwerpunkt liegt in der Gruppenfähigkeit auf sozialem und musikalischem Gebiet. Möglichkeiten des sozialen Lernens auf unterschiedlichsten Feldern werden angeboten, informierend und unterstützend begleitet.
  Gearbeitet wird immer mit der konkreten Perspektive, das Projekt auch öffentlich agieren zu lassen (auch Auftritte!).
- Gestaltendes kooperatives Handeln wird gefördert, Kommunikation generell wird groß geschrieben.
- Bewußt wird ein Austauch (musikalisch und sozial) von Jugendlichen unterschiedlichster Schichtung und Nationalität unterstützt und von Fall zu Fall methodisch-didaktisch berücksichtigt.
- Es werden grundsätzlich Lern- und Handlungsobjekte ausgewählt, die von den Jugend-

lichen auch wirklich gewollt und angenommen werden.

- Die Jugendlichen schaffen und gestalten sich ihre Rahmenbedingungen eigenverantwort-
lich (Proberaumgestaltung, Übungszeitenverwaltung, etc.).
- Ein Ansprechpartner für eventuelle Krisenmomente oder einfach zum 'Reden' steht im-
mer zur Verfügung.
- Das Zeitbudget für die Band ist ausreichend, so daß die Bandmitglieder nicht noch zu-
sätzlich unter dem alltäglich bekannten Zeitdruck zu leiden haben. Im übrigen wird die-
ses Zeitbudget demokratisch 'ausgehandelt'.
- Fachliche Hilfe auch bei individuellen musikalischen Hindernissen, aber auch in puncto
Bandarrangement und Technik ist ebenfalls kontinuierlich gewährleistet.
- Die 'Sprache Musik' wird nicht über Notation vermittelt, sondern Stücke werden über
Akkordsymbolik und durch 'Abhören' gelernt.

B. Das Stufenmodell:

Die Teilnehmer werden methodisch-didaktisch über einen Drei-Stufen-Prozeß in die Materie
eingeführt, der letzlich zur 'Bandreife' führen soll. Der Vorteil dieser Lösung ist, daß zum einen immer mit Teilnehmern eines vergleichbaren Kenntnisstands gearbeitet werden kann, der
Frustration durch Über- oder Unterforderung also entgegengewirkt wird, zum anderen die
Teilnehmer aus Stufe 1 durch die Vorbilder in bereits laufenden Projekten, die auf Stufe 2
oder gar Stufe 3 stehen, so angespornt und motiviert sind, daß das Arbeiten besonders engagiert und lustvoll verläuft. Für die Fortgeschrittenen hat es den Vorteil, daß sie Anerkennung
von Jugendlichen z.B. aus Stufe 1 bekommen und außerdem sich von Woche zu Woche näher ihrem Wunschziel sehen, nämlich in einer festen Rockband etabliert zu sein. Die 3 Stufen
im Überblick:

► Stufe 1: 'Motivation und Rhythmus'
Diese Stufe wird von jedem Teilnehmer in gleichem Maße mitgestaltet.
=> Ausprägung rhythmischen Empfindens.
=> Einübung basaler Rhythmusaufgaben (z.B. Bodypercussion).
=> Jede/r Teilnehmer/in lernt einfache Rhythmen am Schlagzeug
(Koordination von Armen und Beinen).
=> Das Aneignen schwieriger Rhythmen (Latin, modern Jazz) ist der letzte Lernschritt der
Stufe 1.
Dauer: ca. 18 Monate.
► Stufe 2: 'Der Klang der Töne'
Jeder Teilnehmer durchläuft diese Phase.
=> Unterscheidenlernen von Klängen und Klangfarben (Saxophon, Gitarre, etc.).
=> Kennenlernen von Instrumenten durch Gastworkshops versierter Soloinstrumentalisten.
=> Eigenproduktion von Klängen und Klangfarben auf dem Analog-Synthesizer.

=> Harmonielehre (Intervalltraining, Akkordisches Verstehen) in Theorie und Praxis (Keyboard, Gitarre).

=> Instrumentenauswahl, Instrumentaltraining und erste Improvisationsübungen.

=> Diskussion und Bearbeitung musikalischer Klischees aus Rock, Pop und Jazz.

Dauer: ca. 12 Monate.

► Stufe 3: 'Zusammenspiel'

=> Formierung der Teilnehmer zu Bands. Die Teilnehmer sind inzwischen zu großen Teilen gut bekannt miteinander, so daß sich Gruppen zwangsläufig durch Interessensgemeinsamkeiten bilden. Aber auch Einzelmusiker sind vermittelbar in bestehende 'Rockbandfragmente' oder interessiert anfragende Bands von außerhalb und werden so ebenfalls integriert in Bandaktivitäten.

=> Arbeit mit der Rhythmussektion (Bass, Drums).

=> Solistenarbeit: Rolle des Solisten im Bandgefüge, Arbeit am Sound, Technikarbeit.

=> Vermittlung von Übungsdidaktik.

=> Komposition eigener Stücke und erste betreute Auftritte.

=> Suche nach Übungsräumen zur Verselbständigung der gebildeten Rockgruppen.

Dauer: je nach Bedarf.

6.1.3 Die methodische Kompetenz der Anleiter/-innen

Notwendig sind Erfahrungen in der Jugendarbeit. Der Mitarbeiter sollte unbedingt vertraut sein mit den besonderen Bedürfnissen und Problemlagen Jugendlicher, er sollte praktisch mit Gruppen gearbeitet haben und sozialpädagogisch intervenieren können. Allerdings bezieht jede sozialpädagogische Intervention ihre Rechtfertigung aus dem Gruppeninteresse, das entsprechend zu berücksichtigen ist. Eine mögliche psycho-soziale Problemlage bei einzelnen Jugendlichen erfordert von Fall zu Fall Maßnahmen, die über das kulturpolitische Anliegen weit hinaus gehen. Der Mitarbeiter sollte die Fähigkeit besitzen, persönliche Beziehungen zu Jugendlichen knüpfen zu können, und ein Gespür haben für Unter- und Überforderung. Musikspezifisch sind Erfahrungen auf dem Sektor Rockmusik notwendig. Der Mitarbeiter sollte am besten selbst in einer Rockband tätig sein (Vorbildcharakter!), auf mindestens einem rockspezifischen Harmonie-Instrument - besser sind zwei Instrumente - gute theoretische und praktische Kenntnisse besitzen und diese Kenntnisse auch mit 'Freude an der Sache' vermitteln können. Zu guter Letzt ist ein gerütteltes Maß an Durchsetzungsfähigkeit und Richtlinienkompetenz bei unfruchtbaren Diskussionen gefragt.

6.1.4 Inhalte

Die Inhalte bei der Arbeit mit Rockmusik ergeben sich aus dem Zusammenspiel gesellschaftlicher Bedingungen und dem jeweiligen Standort ihrer Macher und Konsumenten. Die Auswahl der Inhalte - im wesentlichen geht es stilistisch um neue Musikrichtungen mit der Chance zu Experimentellem - hängt also zum einen ab von der sozio-kulturellen Passung der Mitwirkenden, deren kulturell-ethnischer Orientierung etwa, oder deren sozialem Status, zum anderen sind Aktualitätsgesichtspunkte, wie Trends und Szeneschwerpunkte zu berücksichtigen, und zum dritten hängt es auch von der konzeptionellen und methodischen Intention der Einrichtung ab (z.B. mehr instrumentell-handwerkliches Können oder mehr technisch-experimentelles Arbeiten), welche Musikrichtung bevorzugt wird. Zu guter Letzt ist die inhaltliche Ausrichtung auch limitiert durch die Qualifikation, die Bereitschaft zu Engagement und die Belastbarkeit der verantwortlichen Anleiter. Beispiel: Rockmusikarbeit in sogenannten 'sozialen Brennpunkten', wie in Trabantenstädten oder in Stadtteilen mit geringem Pro-Kopf-Einkommen, heißt Umgang mit Stilformen wie Punkrock, Heavy Metal und Rap-Musik, gegebenenfalls auch etwas 'Softrock'. Bands wie 'Guns and Roses', 'Metallica', 'Red Hot Chilli Peppers', 'Soul-Asylum' etc. sind Rockgruppen mit Kultstatus dort.

6.1.5 Ziele

Hierzu ist zu erwähnen, daß das Ziel der Gruppenarbeit mit Rockmusik in Musikwerkstätten nicht per se jenseits der musikalischen Perspektiven liegt. Ich möchte es so umschreiben: Rockmusik wird nicht als 'trojanisches Pferd' be- und genutzt. Die musikpädagogischen und die sozialpädagogischen Ziele sind eng miteinander verzahnt und bedingen sich gleichzeitig. Angestrebte Ziele sind:
- Gruppenfähigkeit, soziales Lernen auf verschiedensten Feldern.
- Ermöglichung des Ausdrucks spezieller jugendorientierter Themen durch Rockmusik.
- Steigerung des Selbstwertgefühls. Durch die Beherrschung eines Instrumentes erwerben die Jugendlichen einen gewissen Status als Musiker in ihrer 'Szene' und als Persönlichkeit in ihrem sozialen Netzwerk.
- Statussicherheit und Identitätsfindung.
- Förderung von Toleranz gegenüber Andersdenkenden / anderen Nationalitäten.
- Schaffen eines eigenen Forums der Wirklichkeitsaneignung und Selbstdarstellung durch die Ausbildung eigener kultureller Fertigkeit und Organisationsstrukturen.
- Partizipation am kulturellen Leben durch Entfaltung der persönlichen Fähigkeiten und Integration in Rockbands als Kulturträger.
- Erweiterung und Ausdehnung der Lebenswelten von jungen Menschen.

- Abkopplung und Verselbständigung der Rockbands.
- Aktives Musizieren als ein Stück Selbstverwirklichung im Lebensalltag der Jugendlichen zu etablieren.

6.2 Das multikulturelle Projekt

Stabilisationsmaßnahmen und die Förderung sozial- und interkulturell-integrativer Prozesse bei Kindern und Jugendlichen durch die Realisierung musikbezogener Projektarbeit wäre eine komplexere Umschreibung dafür, welche konzeptionelle Ausrichtung Projekte mit multikulturellem Ansatz haben. (Vgl. Kreuzberger Musikalische Aktion) Die Begründungszusammenhänge, die zur Installation eines multikulturell-musikbezogenen Projekts führen, ergeben sich aus der zunehmenden sozialen Eskalation in vielen Stadtteilen unserer Städte. Hohe Ausländeranteile, Rivalitäten verschiedener ethnischer Gruppen, geringes Pro-Kopf-Einkommen, Wohnungsnot und Arbeitsplätzemangel, 'Sozialsilos', etc.; es entsteht ein hochkomplexes und hochexplosives Gemisch von sozial-ökonomischen, kulturellen und politischen Konfliktfeldern, ausgetragen auf dem Rücken vieler junger Menschen, deren Lebensalltag wenig Anlaß zu Zuversicht und Optimismus bietet.

6.2.1 Konzeption

Die Jugendarbeit sieht in dem fehlenden attraktiven Angebot zur aktiven Freizeitgestaltung und kreativem Handeln eine wesentliche Ursache der Aggression und Gewalt durch Jugendliche in bestimmten Stadtbezirken. Zusätzlich verstärkt wird diese Tendenz durch die gesellschaftliche Tatsache, daß zunehmend Problemlagen von Kindern und Jugendlichen nicht mehr adäquat von Schule und Elternhaus bewältigt werden können. Demgegenüber steht die Erkenntnis, daß ein attraktives musikbezogenes Angebot in Form eines Musikprojektes über eine außerordentliche Akzeptanz verfügen könnte, wenn es bei entsprechender materieller und finanzieller Ausstattung von im Umgang mit Kindern und Jugendlichen des Stadtteils geschultem Fachpersonal begleitet wird. Folgende Darstellung, die der Konzeption der Kreuzberger Musikalischen Aktion e.V., Stadtteil SO 36 entnommen ist, beschreibt den konzeptionellen Arbeitsansatz dieser Einrichtung als eine Art Verlaufsprognose, ausgehend vom Ist-Zustand junger Menschen beim Einstieg in die Projektarbeit bis hin zum angestrebten Soll-Zustand, wobei die angebotenen Programmpunkte nicht notwendigerweise alle durchlaufen werden sollten, sondern selektiv in Anspruch genommen werden können. Diese Darstellung veranschaulicht sehr eindrücklich, wovon auszugehen ist (Ist-Zustand) und wohin man ziel-perspektivistisch sich orientiert (Soll- Zustand). Hier fließen konzeptionelle, methodische und inhaltliche Momente mit hinein bzw. sind miteinander verwoben.

Konzeptioneller Arbeitsansatz der Einrichtung	Veränderungen der psycho-sozialen Dispositionen von Kindern und Jugendlichen
IST-ZUSTAND ─────────	- resignative, desillusionierte Grundhaltung
	- geringe Frustrationstoleranzgrenze, Kompensation über Alkohol und andere Drogen
	- niedrige Toleranz- und Akzeptanzbereitschaft
	- starke Lern- und Verhaltensauffälligkeiten
	- Disposition zur Delinquenz
Aufbau von Anfängermusikgruppen	- Erhöhung der Frustrationstoleranzgrenze
Realisierung kleinerer Musikvorhaben	- aggressionsabbauend
Übungen im darstellenden Spiel	- akzeptanz- und toleranzfördernd
Musiktherapie	- Abbau psycho-motorischer Störungen
Instrumental- und Tanzunterricht	- Aufbau musikalischer Kompetenz
Realisierung langfristiger multikul-tureller Musiktheaterprojekte mit	- Aufbau der personalen, sozialen und medialen Kompetenz
Kindern und Jugendlichen unter-schiedlicher sozialer und nationaler	- kulturell und multikulturell integrierend
Herkunft	- Erweiterung des kreativen Potentials
	- sozial integrierend
	- stabilisierend
Auftritte - kritische Öffentlichkeit	- Steigerung des Selbstwertgefühls
Förderung von Musikgruppen, insbe-	- Verantwortungsübernahme
sondere von Gruppen, die aus den	- Strategieentwicklung
Projekten hervorgehen	- arbeits- und ausbildungsplatzbegleitend
	- Stabilisierung der Ausbildungsphase
SOLL-ZUSTAND ─────────▶	durch sinnvolle und aktive Freizeitgestaltung

Die Zielgruppen sind vor allem Kinder und Jugendliche unterschiedlichster sozialer und na-tionaler Herkunft, die im Bezirk oder im Einzugsgebiet leben,
- die eine Offenheit oder ein Interesse an musikbezogenem Handeln zeigen,
- die Interesse an gemeinsamen musikalischen Aktionen bekunden,
- die beabsichtigen, eine Musikgruppe (Rockband, Instrumentalgruppe) zu gründen,
- die darüber hinaus ein Bedürfnis nach musikalischer Pflege ihrer kulturellen Traditionen

haben,

- die sich über das schulisch-musikalische Angebot hinaus musikbezogen betätigen wollen.

Die **sozialpädagogische Dimension** des multikulturellen Projektes bezieht sich auf den Abbau von Vorurteilen, den Aufbau von Toleranz, die Erhöhung von Frustrationstoleranzgrenzen, die Stabilisierung der Kinder und Jugendlichen über den musikalischen Rahmen hinaus. Folgende relevante Arbeitsansätze werden erwähnt:

► sozialintegrativer Ansatz:

Förderung aktiver interkultureller und sozialintegrativer Prozesse durch Planung von kompletten Musiktheaterprogrammen, die Platz lassen für unterschiedliche ethnisch-kulturell und stilistisch orientierte Musik-Gruppen, die zusammen nicht nur Musik machen, sondern in Form von Rocktheatersequenzen auch mimisch ihre Problematiken öffentlich darstellen.

► systemorientierter Ansatz:

Gemeint ist damit, daß versucht wird, sämtliche Ausdrucksebenen jugendlicher subkultureller Erfahrungswelt zum Tragen kommen zu lassen, d.h. in die Aktionsprogramme, Theaterstücke und Rockmusicals können potentiell alle Ausdrucksformen aufgenommen werden, z.B. eine Skate-Board-Gruppe ebenso wie eine Kung-Fu-Gruppe, eine türkische Folklore-Gruppe ebenso wie eine Techno-Band, alles eingebunden in einen Gesamtrahmen, der von jungen Menschen mitkonzipiert, mitgetragen und mitgestaltet wird. Verbindendes Medium bleibt hier die Rockmusik.

► kindorientierter Ansatz:

Die Aufgabe der Erwachsenen, der KünstlerInnen und SozialpädagogInnen bezieht sich im wesentlichen auf die verantwortungsvolle Umsetzung kindlicher Phantasie und Kreativität.

► Entstigmatisierungsansatz:

Entgegenwirken der Negativstigmatisierung und Diskriminierung von bestimmten Jugendlichen durch Imageänderung und Ansehenssteigerung.

6.2.2 Methodik und Didaktik

Im wesentlichen ist der musikdidaktische und musikpädagogische Rahmen jenem in Kapitel 6.1.2 Punkt A ähnlich. Allein die Tatsache, daß neben der rockmusikalischen Ebene noch andere künstlerische und handwerkliche Tätigkeiten parallel ablaufen, hat zur Folge, daß die Bandarbeit, und über die möchte ich schwerpunktmäßig schreiben, integriert werden muß in ein laufendes Musiktheaterprogramm, dann wieder in ein Studioprojekt, wo Bands aus dem Stadtteil vorgestellt werden sollen, dann in die Probenarbeiten zu einer Tournee in den

Schulferien. Die Rockaktivitäten unterschiedlichster Ausprägung werden eingepaßt in das Räderwerk eines Kulturbetriebes und es wird von den jungen Musikerinnen und Musikern einiges an Flexibilität, Kooperationsbereitschaft, Engagement und Durchhaltevermögen abverlangt, Fähigkeiten also, die über diesen Freizeitbereich hinaus in Schule und Beruf ebenso Bedeutung haben werden.

- Das Übernehmen von Planungsverantwortung und das Schreiben von Texten, sowie das Komponieren von Songs und Theatermusiken durch die Jugendlichen hat methodisch-konzeptionell die Wirkung, daß die jungen Menschen von Beginn an Verantwortung übernehmen lernen und sich am Ende mit ihren Arbeitsergebnissen und dem Endprodukt (z.B. einer geglückten Tournee) auch voll identifizieren können.

- Durch den Einbau der Musikgruppen in ein mit konkreten Zielvorstellungen versehenes Aktionsprogramm wird methodisch einer Orientierungs- und Perspektivlosigkeit entgegengewirkt.

- Durch konkrete mädchenspezifische Angebote (Mädchenbands, Jazzdance-Gruppen) wird der in bestimmten ethnischen Gruppen noch viel stärker betonten Inferiorität von Mädchen gegenüber Jungen entgegengewirkt. Die bei Premieren anwesenden Eltern lassen sich von der Anerkennung der Mädchen durch die Öffentlichkeit anstecken und klinken sich nicht selten mit ein in die Planungsarbeit der Projekte.

- Durch die Vernetzung verschiedener Jugendhilfeeinrichtungen der gesamten Stadt, z.B. bei der Planung eines Tournee-Musiktheaterprojektes, nimmt das Projekt eine wichtige jugendkulturelle Dimension ein, schafft öffentliches Interesse durch Medienaktivitäten (Zeitung, Radio, Privatsender), was wiederum den von jungen Leuten erarbeiteten Themen und Inhalten ein großes Gewicht verleiht, Vorbildfunktionen einnimmt und die Jugendbands und Projektgruppen zu Sprachrohren jugendspezifischer, jugendkultureller Trends und Wünsche werden läßt.

- Damit solche Projekte auch erfolgreich sein können, ist man sehr darauf bedacht, sorgfältig auf Kontinuität angelegte Gruppenarbeit zu verfolgen, die, wenn sie konsequent ist, auch den 'Effekt' hat, weit über die Projektzeit hinaus sozialpädagogisch und kulturpädagogisch wirksam zu sein. Demzufolge ist der Zeitrahmen für ausführliche Kommunikation, Diskussion, Vorbereitung und Probearbeit großzügig gesteckt.

- Dem Erarbeiten von Texten aus dem eigenen lebensweltlichen Zusammenhang geht eine eingehende sozialpädagogisch betreute Reflexion der Erlebnis- und Erfahrungswelt der teilnehmenden Kinder und Jugendlichen voraus.

- Da die Chance der Inszenierung authentisch erlebter Konfliktsituationen besteht und dies von den Jugendlichen auch als originäre Leistung verstanden wird, ist der Motivationsrahmen vorhanden, um eigene biographische Erfahrungen verarbeiten zu können.

- Zur Realisierung eines solchen umfassenden Praxisprojektes sind, um dem methodisch-konzeptionellen Rahmen gerecht zu werden, gewaltige finanzielle Anstrengungen notwendig.

Anhand des Haushaltsplans der Kreuzberger Musikalischen Aktion von 1993, einem professionell angelegten und realisierten Praxisprojekt mit Vorbildcharakter, und der Kostenauflistung eines realisierten Musiktheaterprojekts namens "Die Spreer/in" sind exemplarisch die finanziellen Dimensionen aufgezeigt. (Siehe Anhang 1 und 2)

6.2.3 Die methodische Kompetenz der Anleiter/-innen

Über die in Kapitel 6.1.3 bereits erwähnten hinaus sind hier noch weitere Kompetenzen erforderlich:

- Die MitarbeiterInnen sollten sich der Sprachbarrieren bewußt sein, mit denen sie konfrontiert sein werden. Mehrsprachigkeit ist wünschenswert.

- Zusätzlich ist ein Eingeweiht-Sein in kulturelle und religiöse Eigenheiten bestimmter ethnischer Gruppen von großem Wert, um vertrauensbildend wirken und Akzeptanz bei Eltern und Kindern finden zu können.

- Eine weitere Kompetenz, die projektspezifisch ist, erklärt sich aus der Zusammenarbeit von Lehrern, Sozialpädagogen, Schauspielern, Tänzern, Handwerkern etc., die alle irgendwo in die Arbeit involviert sind als Honorarkräfte oder Berater. Von den hauptberuflichen Mitarbeitern wird in hohem Maße gefordert, alle diese Personen, die für einen bestimmten Arbeitsbereich engagiert werden, koordinativ zu managen. Kenntnisse in praktischer Verwaltungsarbeit, betriebswirtschaftliches Grundwissen und ein Gespür für Öffentlichkeitsarbeit - all dies muß organisatorisch und finanziell 'über die Bühne' gebracht werden, denn von diesem Erfolg hängt die weitere Existenz und Förderungswürdigkeit eines solchen multikulturellen Projektes ab.

6.2.4 Inhalte[4]

Ein praktisches Beispiel soll das Inhaltliche beleuchten: Das 'Spezifikum' bei diesem multikulturellen Projekt ist, daß von einer einheitlichen sozio-kulturellen Passung der Gruppenmitglieder nicht die Rede sein kann. Trotzdem bringt jedes Mitglied seinen Background mit ein, gewisse Trends und popularmusikalische Strömungen sind aber auch bei vielen Jugendlichen, gleich welcher Nationalität, vorzufinden. Grundsätzlich entwerfen die Jugendlichen ihre Musik selbständig. Eine Musikkassettenproduktion der Kreuzberger Musikalischen Aktion, die von erstaunlicher Kreativität Zeugnis abgibt, kann für dieses Konzept als exemplarisch gelten: Da singen z.B. türkische Mädchen in englischer Sprache amerikanischen Rap, begleitet von einem Heavy-Metal Gitarristen aus Deutschland, einem Rockdrummer aus Pa-

---

[4]   Zu diesem Kapitel vergleiche die Ausführungen in Kapitel 6.1.4.

kistan, einer Bassistin mit Funk-Vorliebe aus Deutschland und einem Russen am Keyboard. Solche und andere verwirrende Konstellationen sind auf dem Kassettenmitschnitt zu finden. Die jungen Musikerinnen und Musiker empfinden keine Scheu davor, alle möglichen musikalischen Vorlieben und Vorbildungen inhaltlich dafür einzusetzen, sich selbst authentisch inszenieren zu können.

6.2.5 Ziele

Die künstlerisch-kreativen Tätigkeiten (Musik, darstellendes Spiel, Gesang, etc.) sollen im Zusammenhang nicht nur als Kreativitätskompensator fungieren, sondern als Arbeit erkennbar bzw. erfahrbar werden, damit eine Auflösung von falsch verstandener Idolisierung bewirken und zurück auf den Boden der Realität weisen. Die Mitarbeit in den Projekten soll den Teilnehmern auf einer anderen Ebene zu neuen Erfahrungen mit sich selbst und durch den möglichen Erfolg über die handwerklichen und künstlerischen Produkte zur Identitätsfindung und individueller Stärke verhelfen. Weitere Ziele in Kurzbeschreibung sind:

- Stabilität, Selbstwertsteigerung, Toleranz.
- Förderung des kulturellen Selbstverständnisses der Kulturszene in dem Stadtteil / der Region.
- Vernetzung der Kinder- und Jugendhilfeeinrichtungen und der Schulen im Stadtteil.
- Bildung von Freundschaften von ausländischen mit deutschen Kindern.
- Chancengleichheit für Mädchen auf kulturellem Gebiet.
- Abbau von Vorurteilen.
- Experimentier- und Improvisierfreudigkeit.
- Kommunikationsfähigkeit.
- Sensibilitätssteigerung.
- Kooperationsbereitschaft und Kooperationsfähigkeit.
- Aufarbeitung von Defiziten im emotional-affektiven Bereich.
- Abbau ethnozentristischen Denkens.
- Reflexion der Erlebnis- und Erfahrungswelt.
- Akzeptanz Andersdenkender und -fühlender.
- Intensivierung der Wahrnehmungsdifferenzierung bezogen auf musikalisches und soziokulturelles Erleben.
- Instrumentalfähigkeiten auf einem rockspezifischen Instrument (Gitarre, Schlagzeug, Keyboards, Bass).
- Verbalisierung musikalischer Phänomene.
- Bewegung nach Rhythmen.

6.2.6 Besonderheit

Auf eine besondere Leistung der Kreuzberger Musikalischen Aktion sei an dieser Stelle hingewiesen, nämlich auf die Tatsache, daß diese Einrichtung jedes Jahr eine große Aktion startet, mit der die Kinder und Jugendlichen auch auf Tournee durch die Bundesrepublik Deutschland geht. Ein gewaltiges Vorhaben, das viel größere Beachtung verdient hätte! 1992 ging der "Circus Experimint - Internationaler Show + Rapdance-Circus Berlin" mit Live-Bands, Jongleuren, Einradfahren, Laufball, Diabolo, Tellern, Keulen, Stelzen, Artisten und Clowns auf Tournee. Die Akteure kamen nicht nur aus der Kreuzberger Musikalischen Aktion, sondern auch aus verschiedenen Schulen und Jugendläden. 1993 war die Kinder-Friedens-Tournee mit dem Rockmusik-Theater "Happy Island" auf Tour, an der besonders Kinder und Jugendliche aus Bosnien und Zagreb beteiligt waren. Dargeboten wurden Tanz, Theater, Akrobatik und Rockmusik. (Siehe Anhang 3 und 4)

6.3 Das fallspezifische Projekt

Mit 'fallspezifisch' meine ich, daß sich das Praxisprojekt besonders mit Jugendlichen befaßt, die sich in einer ganz speziellen Notlage oder Konfliktsituation befinden. Als Beispiele wären zu nennen:

- Das Rockmusikprojekt des Jugendgemeinschaftswerkes Krefeld (JGW). Dessen traditioneller Arbeitsbereich ist die Arbeit mit jungen Aussiedlern.
- Soziale Gruppenarbeit mit straffälligen Jugendlichen im Rockmusikprojekt Krefeld des Internationalen Bundes für Sozialarbeit (IB).
- 'Laß' 1000 Steine rollen!', Rock statt Drogen: Dieses Projekt in Hamburg setzt auf Suchtprävention im umfassenden Sinne. Wesentlicher Arbeitsbereich ist die rockmusikalische Arbeit mit suchtgefährdeten jungen Menschen.

In der weiteren Darstellung möchte ich mich auf das Suchtpräventionsprojekt stützen, weil es professionell konzipiert und ausgeführt ist und für Interessenten, die fallspezifische Arbeit mit Rockmusik beginnen möchten, exemplarischen Charakter besitzt, was die Konsequenz in der Umsetzung als Projekt und die Vernetzung mit anderen suchtspezifischen Einrichtungen anbetrifft. (Siehe Anhang 5)

Zur Erinnerung noch einmal einige Wirkungen von Rockmusik:

- Rockmusik hat im Lebensalltag von Jugendlichen und jungen Erwachsenen einen hohen Stellenwert.
- Rockmusik prägt und beeinflußt das Denken und Verhalten vieler junger Menschen in großem Maße.

- Als sprachunabhängiges Medium bietet Rockmusik eine viel größere Palette an Ausdrucksmöglichkeiten (mimisch, körperlich, klanglich) als irgendein anderes Medium.
- Rockmusik aktiv ausgeübt erleichtert vielen jungen Menschen den Zugang zur Jugend- und Musikszene.
- Feste kontinuierliche Rhythmen (z.B. Hard Rock) induzieren emotionale Stabilität, sie vermitteln ein Gefühl der Sicherheit und Stärke, besonders in Krisenzeiten.
- Das Eintauchen in der Welt der Rockmusik als 'erholsame Regression' hat revitalisierende Funktionen.
- Der Status als RockmusikerIn stellt eine narzißtische Aufwertung dar und hebt das Prestige und den Status der Jugendlichen.
- Der Erfahrungsraum 'Rockmusikprojekt' hat seine besonderen Qualitäten: Einerseits ist er lustvolles Betätigungsfeld (hedonistischer Aspekt), andererseits ist er ein Ort, an dem symbolisch Konflikte verarbeitet werden.
- Die Rockband als Gruppe macht sehr schnell deutlich, daß jeder im Gruppengefüge wichtig ist, damit die Gruppe in die Lage versetzt werden kann, ein Konzert zu spielen, und daß das Fehlen auch nur eines Bandmitglieds schon die Probearbeit erheblich beeinträchtigt, erschwert oder gar unmöglich macht!

6.3.1 Konzeption

Wachsende Gewaltbereitschaft in der Gesellschaft, zunehmende Armut, zerbrechende Lebensläufe junger Menschen - all dies setzt sich fort in einer Konjunktur der Süchte! Das Rockmusikprojekt 'Lass' 1000 Steine rollen!' setzt auf Suchtprävention (d.h. Vermeidung von Suchtproblemen vor ihrer Entstehung) im umfassenden Sinne:
- Über dieses Jugendhilfeangebot wird eine eher überdurchschnittlich gefährdete Klientel erreicht, da die Ausübung und Rezeption populärer Musikformen in den Ansichten als auch im tatsächlichen konkreten Leben Jugendlicher häufig eng verknüpft ist mit dem Gebrauch legaler wie illegaler Drogen.
- Im Rockprojekt haben Jugendliche die Chance, über das Medium Rockmusik und begleitet von kompetenten AnleiterInnen, Stimmungslagen - trotz gegenläufigen Rock-Images - auch ohne psychoaktive Stoffe zu steuern und sich Anforderungen wie z.B. Gruppendisziplin und Überwindung von Auftrittsangst zu stellen.
- Sucht, so das Anliegen der Mitarbeiter, wird nicht permanent thematisiert! Prävention wird verstanden als Bestandteil einer geistigen Haltung und weniger als Kommunikationsanlaß oder -gegenstand.
- Auf die institutionalisierte, kategorisierte Form eines ausgewiesenen Hilfeprogramms wird bewußt bei diesem Projekt verzichtet, im Gegensatz zu anderen Beratungsangeboten,

die angegliedert sind.

- Das Prinzip des 'en passant': Die Niedrigschwelligkeit dieses 'gar nicht angebotenen Hilfeangebots' in Form der Mitarbeit in einem Rockprojekt bewirkt eine schiere Unmöglichkeit, sich zu entziehen. Die Abschreckungswirkung ist denkbar klein.

- Wer normalerweise gerne ins Projekt kommt, um dort in einer Band Musik zu machen, Unterricht zu erhalten oder 'seine Leute' zu treffen, wird auch in problematischen Lebensphasen nicht gleich ganz von der Bildfläche verschwinden, ohne Signale während der Probenzeiten auszusenden.

- Häufig wissen die 'Kumpels' in der Band zuerst, was los ist. Im Vorfeld professioneller Hilfsangebote steigen die ersten 'Selbsthilfeballons' und die Blicke gehen immer öfter im Lauf des Übungsalltags oder auch danach in Richtung eines ausgewählten Helfers.

- Bei existenzieller Not liegt die Hoffnung darin, daß der betroffene Jugendliche sich der vertrauensvollen und vertrauten Atmosphäre erinnert und die gewohnten Ansprechpartner auch und gerade in suchtgefährdeten Situationen kontaktiert und einweiht.

- Dann, aber auch nur dann, kann die Einrichtung auf weiterführende institutionalisierte Hilfsangebote verweisen und dem jungen Menschen weiterhelfen.

6.3.2 Methodik und Didaktik[5]

Methodisch-didaktische Akzente sind:

- Überschaubare Kleinkursangebote (3-5 Teilnehmer), inhaltlich zieldefiniert und mit inszeniertem Abschluß.

- Austausch der Kurse und Bandbildungen sind angestrebt und werden realisiert.

- Subventionierter Einzelunterricht wird nur in indizierten Ausnahmefällen gegeben, um z.B. die Gruppe vor dem Auseinanderbrechen zu retten, weil ein Mitglied nicht mitkommt oder weil die Kompetenz eines besonders talentierten Bandmitglieds verbessert werden soll oder um das musikalische Niveau und damit die Chancen der Verselbständigung zu verbessern.

- Fortgeschrittene Projektteilnehmer können auch Einzelunterricht bekommen, wenn sie ihrerseits mehrere Anfänger unterrichten.

- Verstärkte Aufmerksamkeit wird auf das Bandtraining gerichtet unter Zuhilfenahme bekannter Honorarmusiker aus der Szene (Vorbildfunktion!).

- Der Neueinstieg ins Projekt bzw. die Neubildung einer Gruppe soll möglichst früh geschehen (Einstieg vor dem 20. Lebensjahr), um einer Überalterung der Bands vorzubeugen und eine längerfristige musikalische und soziale Entwicklung der Bands zu gewährleisten.

Von der **methodisch-konzeptionellen** Sicht aus sind folgende Aussagen wichtig:

---

[5]   Auch hierzu vergleiche Kapitel 6.1.2 Punkt A.

- Was die Auswahl der Teilnehmer betrifft, werden nur Jugendliche aus der näheren Umgebung genommen, zum einen, um die kulturelle Szene der Region stärker zu beleben, zum anderen, um das Suchtprojekt auch stärker in der Region zu verwurzeln, Anerkennung zu finden und von der Bevölkerung mitgetragen zu werden. Durch den Erfolg angespornt, den besonders dieses 'Lass' 1000 Steine rollen!'-Projekt erzielen konnte, wurden im folgenden Satellitenprojekte in Jugendhäusern anderer Hamburger Stadtteile gegründet, die die gleiche suchtpräventive Ausrichtung haben. Der Zusammenschluß, die Vernetzung der Suchtprojekte rockmusikalischen Inhalts hat eine ungeheure kulturpädagogische Wirkung auf den Amateur- und Semiprofi-Bereich in der Stadt Hamburg. Die privaten Rundfunk- und Fernsehstationen der Region greifen bei der Bearbeitung von Suchtthemen gerne auf die Rockbands der Praxisprojekte zurück, 'featuren' diese Bands durch Einladungen zu Live-Sendungen und Berichterstattungen über die regelmäßig stattfindenden Konzertaktivitäten der 'Lass' 1000 Steine rollen!'-Projekte. Die Folge ist eine recht große Popularität der Rockbands, verbunden mit öffentlicher Anerkennung der MusikerInnen in der regionalen Musikszene. Der Popularitätsgewinn ist inzwischen gar so groß, daß die Top-Bands der 'Lass' 1000 Steine rollen!'-Projekte eingeladen werden zu den großen Rockfestivals in der Stadt, wo von Kritikerseite immer wieder auch die musikalische Qualität und die Authentizität des Ausdrucks gelobt wird.

- Aufgrund der großen Sog-Wirkung, die von diesem Projekt ausgeht und dem Andrang von musikinteressierten Jugendlichen, aufgrund einer desolaten Hamburger Proberaumsituation, werden besonders Jugendliche aus sozial schwachen Familien aufgenommen.

- Im Probenzusammenhang ergeben sich fast zwangsläufig - teilweise unter Einbeziehung des pädagogisch-musischen Personals - Situationen, in der die Problematisierung von Drogenmißbrauch zum notwendigen Teil der gemeinsamen Arbeit wird.

- Gerne nutzt man auch den psychologischen Effekt aus, den die Einladung gefestigter und bekannter Musiker zu Workshops und Besuchen im Projekt nach sich zieht. Aufgrund der Vorbildfunktion, die bekannte Musiker besitzen und auch deren klarer Stellungnahme gegen Drogen- bzw. Alkoholmißbrauch sehen sich die jungen MusikerInnen bestärkt, den eingeschlagenen Weg motiviert und konsequent weiterzugehen.

- Einen weiteren methodischen Schritt zur Verselbständigung der Bands stellt die Möglichkeit dar, im projekteigenen Tonstudio Demo-Bänder zu erstellen, mit denen man sich in den Musikclubs der Stadt und bei Plattenlabels bewirbt, um den Eintritt in die Szene und die damit verbundene Abnabelung vom Projekt zu schaffen.

- Im Zusammenhang mit Therapie (in anderen Einrichtungen) werden die Probemöglichkeiten auch von einer 'Clean-WG' genutzt.

- Weil die Verselbständigung der Rockbands in der Amateurszene der Stadt ohne stützenden Übergang nicht möglich ist, wurde ein professionell geführter projekt-eigener Musikclub gegründet, der wahrscheinlich einzige Live-Musikclub in der Bundesrepublik, in dem

kein Alkohol ausgeschenkt wird, keine Drogen gedealt werden, in dem phantasievolle alko-
holfreie Cocktails angeboten werden und auch eine anerkannt gute Küche existiert. Dieses
'Trockendock', so der Name des Clubs, ist Café-Treffpunkt und Veranstaltungsort (mit sehr
guter technischer Ausstattung). Er ist die 'Visitenkarte des Projekts'. Das alkohol- und dro-
genfreie 'Trockendock', das von den Projektteilnehmern und vielen Schülern und Studenten,
aber auch vom Konzertpublikum angenommen wird, ist Bestandteil des erwähnten präventi-
ven Arbeitsansatzes. Es arbeitet wirtschaftlich und man schreibt schwarze Zahlen. In der
Musikszene ist es zu einem kulturellen Fixpunkt geworden. Viele nicht-betroffene Menschen finden über den Besuch des Live-Musikclubs Zugang zum Thema 'Sucht und Suchtprävention'. Übrigens: Auch die professionellen Bands, die im Trockendock im Laufe des
Jahres auftreten, verpflichten sich, keinen Alkohol während des Aufenthalts im Club zu sich
zu nehmen. Für die jungen Projektbands ist das Trockendock die Startrampe. Hier kann man
sich vergleichen mit bekannten 'Acts', Kontakte knüpfen zu Musikern aus der Szene und findet auch genug Raum zur Selbstinszenierung und Selbstdarstellung.

6.3.3 Die methodische Kompetenz der Anleiter/-innen[6]

Fallspezifische Projekte erfordern je nach Problemstellung unterschiedliche fachliche Kompetenzen und berufliche Vorerfahrungen. In dem beschriebenen speziellen Suchtprojekt ergibt sich folgendes Bild:
   - In dem Mutterprojekt 'Lass' 1000 Steine rollen!' (Die später entstandenen Satellitenprojekte gleicher Zielsetzung sind dabei nicht erfaßt!) arbeiten konkret: Ein Diplom-Pädagoge,
drei Diplom-Sozialpädagogen und ein Musikpädagoge als Vollzeitkräfte in der pädago-
gisch-musikpädagogischen Leitung. Zusätzlich arbeiten noch neun weitere Vollzeitkräfte in
der Verwaltung, in der Gastronomie und in der Technik. Weitere Honorarkräfte werden benötigt für den Instrumental- und Gesangs-Unterricht.
   - Zusätzlich zu der Arbeit mit Rockgruppen, dem Einzelunterricht, der Konzertbetreu-
ung, etc. ergibt sich von Fall zu Fall die Notwendigkeit der Intervention und Begleitung in
Krisenmomenten. Besonders dann, wenn der Betreuer großes Vertrauen über längere Zeit
beim Jugendlichen aufgebaut hat, was bei einem mehrjährigen Projekt der Fall ist, übernimmt
er auch die Begleitung als Beistand, als Fürsprecher, als 'Übersetzer' bei Gerichtsterminen,
bei Sozialhilfe- und Amtsangelegenheiten, bei Gläubigern und Arbeitgebern. Auch bei Kon-
frontation mit selbstgesteckten Zielen und zu hohen Erwartungen kann außerhalb der Probe-
zeiten eine Gesprächssequenz mit dem Jugendlichen verabredet werden. Beim eventuellen
Einstiegswunsch in eine Selbsthilfegruppe wird ebenfalls die entsprechende Beratung angeboten. Weitere Krisenhilfen sind:

---

[6]   Vergleiche dazu auch die Kompetenzen in Kapitel 6.1.3.

=> Vorübergehende Aufnahme ins Stammhaus (das ist der Hauptsitz der Organisation).

=> Organisation von Hilfen bei Entrümpelung und Renovierung von Wohnungen.

=> Notaufnahme ins Krankenhaus bei 'Delir' (= aktuelle Bezeichnung für Delirium).

6.3.4 Inhalte[7]

In diesem konkreten Fall läßt sich folgendes anmerken: Die Satellitenprojekte von 'Lass' 1000 Steine rollen!' in den Außenbezirken mit hohem Ausländeranteil bevorzugen sehr stark die Rap-Musik mit entsprechenem Einsatz von elektronischer Peripherie, wie z.B. Drum-Computer, Plattenspieler als Effektboard, Keyboards, Vocoder zur Gesangsverfremdung. Die Rockbands im Stammhaus dagegen orientieren sich sehr stark am Rock und Blues. Hierbei werden sie natürlich gewaltig beeinflußt von professionellen Bands, die im Rahmen einer Tournee auch im 'Trockendock' auftreten. Da Hamburg als Kulturmetropole gerade für Rock- und Blues-Musik bekannt ist (Lindenberg, Westernhagen, Atlantis, Lake, etc.) liegt eine Beeinflussung durch eben jene populäre Musikrichtung auf der Hand. Insofern reflektieren die Rockbands der Projekte inhaltlich je nach Standort (Stammhaus oder Satellitenprojekt in den Randgebieten) auch in gewisser Weise den rock-kulturellen Status Quo der Gegend, in der sie leben, und den Grad an Aktualität und Innovation der kulturell auf dem Felde der Rockmusik erreicht ist.

6.3.5 Ziele

Die wichtigsten Ziele dieses fallspezifischen Projektes sind:
- Gruppendisziplin und Kontinuität bei der Bandarbeit.
- Überwindung von Auftrittsangst bei Konzerten.
- Vernetzung des Projekts mit dem Musikgeschehen in Hamburg, 'Infiltration' der Projektmusiker in die Szene.
- Selbstvertrauen, Stabilität und Selbstwertsteigerung.
- Aufbau einer Gemeinschaft Gleichgesinnter als quasi 'familiärer' Rückhalt in Krisenzeiten.
- Identitätsfindung.
- Gewährung eines Schonraums durch die Probearbeit und die Konzerte.
- Gewährung von Freiräumen zur Regeneration und Revitalisierung.
- Lustvoller und spielerischer Umgang mit Musik.
- Förderung von Wissen, Erfahrung und Kompetenz im musikalischen Bereich.

---

[7]   Auch hier gilt: Vergleiche Kapitel 6.1.4.

- Kritische Auseinandersetzung mit Musik und Musikindustrie.
- Überlassung von Raum und Zeit zur Selbstdarstellung.
- Aufarbeitung von biographischen Erfahrungen (mit und ohne das Medium Musik).
- Stärkung der kreativen Potentiale von jungen Menschen.
- Erlernen von solidarischem Verhalten innerhalb der Gruppe.
- Steigerung der Kommunikations- und Teamfähigkeit.
- Verbesserung der körperlichen und seelischen Wahrnehmungsfähigkeit.
- Selbstverantwortung und Verantwortung für seine Umgebung übernehmen.
- Einsicht des Klienten in die eigene Situation und die damit verbundene Notwendigkeit fremder, professioneller Hilfe.
- Brückenschlag von der musikalischen Arbeit hin zur Alltagswelt / Berufswelt.
- Erkennen des Zusammenhangs zwischen persönlichem Einsatz und der damit verbunde- nen Erfolgserlebnisse.
- Verbalisierung von Konflikten.

Ziel des Musikclubs 'Trockendock' ist insbesondere die Förderung der Hamburger Amateur- szene auf mehreren Ebenen:

- Breitgefächert, unspezifisch und wertfrei in Form von freien, öffentlichen Hauskonzer- ten (vor allem Projektbands);
- Musikertreffpunkt und Austauschbörse, Vermittlung von Bands, Musikern, Instrumen- ten und Übungsräumen;
- Förderung musikalischer Minderheiten;
- Förderung der Gesundheit durch das Beispiel drogen- und alkoholfrei spielender Musi- ker (mit vertraglich vereinbarter Abstinenz);
- Förderung einer Basis-Kultur im Stadtteil;
- Kultureller Fixpunkt durch Konzerte renommierter Künstler bzw. Bands.

6.4 Das Rockmobil

Unter 'Rockmobil' ist ein mobiles Jugendhilfeangebot zu verstehen, das meiner Kenntnis nach zum ersten Mal in Hessen 1986 installiert wurde. Damals war die Zielgruppe in den sozialen Brennpunkten zu finden. (Siehe Rockmobil Hessen: Landesarbeitsgemeinschaft soziale Brennpunkte e.V.) Heute gibt es Rockmobile im ganzen Bundesgebiet. Folgende Praxispro- jekte sind in dieser Darstellung berücksichtigt worden:

- Das Rockmobil des Jugendgemeinschaftswerkes in Krefeld,
- das Frauenmusikmobil der Landesarbeitsgemeinschaft Rock Niedersachsen in Han- nover,

- das Musikmobil 'Soundtruck' in Karlsruhe
- und das Rockmobil Hessen in Gießen, Kassel und Frankfurt.

Aktuell betrachtet sind 'soziale Brennpunkte' nicht allein die Bezugspunkte der Arbeit der Rockmobile.

6.4.1 Konzeption

Rockmobil-Arbeit gilt als Ansatz der Jugendkulturarbeit, der insbesondere solchen Jugendlichen Teilnahmemöglichkeiten eröffnet, die aufgrund schwieriger Lebensbiographien und schlechter finanzieller Bedingungen vom aktiven Kulturbetrieb weitgehend ausgeschlossen sind. Gerade weil Rock und Pop die Sprache, das Denken und die Phantasie Jugendlicher erreichen und beeinflußen, ist diese Musikrichtung ein so gutes Medium und können sozialpädagogische Perspektiven (und nicht nur diese!) mit ureigenen Interessen von Jugendlichen verknüpft werden. Und so ist es für eine pädagogische Arbeit, die sich auf die Interessen und Fähigkeiten ihrer Zielgruppe einläßt, unabdingbar, deren wesentliche Ausdrucksformen und Handlungsfelder aufzugreifen. Insgesamt liegen die Anliegen der mobilen Rockmusikprojekte auf kulturpolitischem, kulturpädagogischem und sozialpädagogischem Gebiet. Die Arbeit eines Rockmobils ist konzeptionell auf langfristige Gruppenarbeit angelegt, denn nur in der Langfristigkeit angeregte Prozesse können die angestrebten Ziele z.B. der Vermittlung von persönlicher Stabilität und anderer individuell-sozialer Schlüsselqualifikationen erreicht werden. Schlüsselqualifikationen sind z.B. Selbstwertgefühl, Durchhaltevermögen, Team- und Konfliktfähigkeit etc., die sich auch in anderen Lebensbereichen (Schule, Beruf, Familie) bewähren. Sofern Jugendliche frühzeitig in die pädagogische Arbeit mit Rockmusik integriert werden können (ab dem Alter von 10 Jahren ist dies schon sinnvoll), können die in der sozialen Gruppenarbeit mit Rockmusik gewonnenen neuen Erfahrungen, Einstellungen und der Grad der Selbstbestätigung prophylaktisch schulischem und/oder beruflichem Scheitern vorbeugen. Das Angebot der Rockmobilkonzepte kann auch als Vorbeugung gegen Fremdenhaß und Ausländerfeindlichkeit verstanden werden, indem ein Milieu und eine 'Atmosphäre' geschaffen werden, die den humanen Umgang und die friedliche Auseinandersetzung mit Andersdenkenden und Andersaussehenden fördern. Auch die emanzipatorische Aufgabe der Bearbeitung von und der Aufklärung über gesellschaftlich vorgegebene Geschlechtsrollen wird durch die rockmusikalische Arbeit mit jungen Menschen angegangen, indem Talente unabhängig von gängigen Rollenklischees gefördert und eingesetzt werden. Das Rockmobil betont die sogenannte 'Geh-Struktur', d.h. dort wo Bedarf an rockmusikalischer Betätigung ist, wo aber der finanzielle Rahmen der Einrichtung, die angesteuert wird, nicht ausreicht, um sich eine Bandanlage zu kaufen, da kommt der Rockmobil-Bus hin, veranstaltet Schnupper-Workshops und/oder kommt schließlich definitiv einmal wöchentlich, um feste Proben mit interessierten Jugendlichen abzuhalten.

Die Rockmobil-Mitarbeiter allerorts verstehen ihre Arbeit als Musiksozialarbeit, die benachteiligten Jugendlichen, gleich in welchen Begründungszusammenhängen man die Benachteiligung sehen mag, dieses Jugendhilfeangebot zukommen lassen will. Um welche Zielgruppen handelt es sich und durch welche Eigenschaften werden sie für ein Rockmobilangebot interessant?

- Jugendliche aus Familien, in denen beide Eltern berufstätig sind und wenig Zeit für ihre Kinder haben.
- Kinder von alleinerziehenden Eltern, die ebenfalls stark angespannt und eventuell mit der Erziehung überfordert sind.
- Heimkinder ohne stabile familiale Bindungen.
- Jugendliche in Ausbildungsmaßnahmen, die eventuell schon einmal gescheitert sind und deren Sozialisationsgeschichte sehr belastet ist.
- Straßenkinder ohne feste Bindungen, die ihre Freizeit in bestimmten Einrichtungen verbringen und sich ansonsten mit Aushilfsjobs über Wasser halten.
- Ausgesiedelte Jugendliche, die in Deutschland ohne Bezug und Heimat mit der Realität einer völlig andersartigen Gesellschaftsstruktur fertig werden müssen und dabei hilflos sind; etc.

Mit musikpädagogischen Mitteln können eine ganze Reihe von auffälligen Eigenschaften und problematischen Verhaltensweisen von Jugendlichen angegangen werden. Diese sind:

- Das Einhalten von Terminen und Absprachen gelingt nicht.
- Relativ große Konzentrationsschwächen existieren.
- Starkes Konkurrenzgefühl besteht.
- Große Abgrenzungstendenzen nach außen / gegenüber Fremden sind zu bemerken.
- Ein hierarchisch-dominantes Denken und Agieren ist festzustellen.
- Es besteht die Neigung und die Lösungstendenz, sich mit körperlicher Gewalt und relativ großer Aggressivität durchzusetzen.
- Kontakte zu Alkohol und anderen weichen und harten Drogen sind gegeben.

6.4.2 Methodik und Didaktik[8]

Der **musikpädagogisch-musikdidaktische** Methodenbereich ist gekennzeichnet durch die Vermittlung und Aneignung vieler Basiskenntnisse:

- Akkordarbeit: Was ist ein Akkord, wie wird er aufs Instrument bezogen gespielt?
- Die Harmonie der Töne: Wozu passen welche Töne?

---

[8]   Auch zu diesem Abschnitt vergleiche Kapitel 6.1.2 Punkt A.

- Instrumentelle, handwerkliche Techniken: Wie klingt das Instrument, wenn es 'sauber' gespielt wird?
- Möglichkeit der Dynamik in der Rockmusik: handwerklich am Instrument und technisch durch die Verstärkerelektronik.
- Soundfragen: Wie erreiche ich welche klanglichen Nuancen?
- Das Problem der Konservierung von Musikideen: Notation, Tabulatur, Akkordsymbolik, Aufnahmetechnik.

All diese Basiskomponenten sollen dazu beitragen, die durchaus ernstzunehmenden musik-ästhetischen Ansprüche von Machern und Bands in den diversen Projekten zu realisieren.

Die **Gruppenarbeit** wird im wesentlichen bestimmt durch 'bandtypische' Fragen:

- Wer spielt welches Instrument?
- Nachspiel oder Eigenproduktion?
- Wie gelingt die Einigung bei musikalischen Interessenskonflikten?
- Wie oft wird geprobt?
- Wie arbeiten wir zusammen?
- Wie ist die Rolle des Anleiters zu definieren?
- Dürfen Zuschauer bei der Probe anwesend sein?
- Kann ich auch Probleme über den musikalischen Bereich hinaus ansprechen?
- Welche Ansprüche haben wir an die Band?
- Wie und wann werden Auftritte organisiert?

Die Bearbeitung all dieser Fragen, die schon abendfüllende Diskussionen bei professionellen Bands auslösen, sind von der Gruppe und vom betreuenden Anleiter in einem längerfristigen, behutsamen pädagogischen Prozeß zu klären. Da Rockbands sehr fragile Gebilde sind, hängt von der kompetenten Herangehensweise oft die ganze Zukunft der Gruppe ab.

Der **methodisch-konzeptionell** ausgerichtete Bereich nutzt einen weiteren wichtigen Effekt aus, den die Gruppenarbeit und die Einzelverwirklichung in Bands noch hat, nämlich, als Individuum und als Gruppe Anerkennung zu erhalten oder gar im Mittelpunkt zu stehen! Das Medium Rockmusik ist gesellschaftlich mittlerweile so toleriert und beachtet, daß jede Person, die in irgendeiner Weise mit der Produktion von populärer Musik zu tun hat, Achtung und Anerkennung von der Öffentlichkeit erhält. Diesen positven Effekt nützt man bewußt aus bei der konzeptionell mitgedachten Integrationsintention sozial benachteiligter Jugendlicher. Beispiel: Ein Mädchen, das aufgrund seiner sozialen Herkunft oder ethnischen Zugehörigkeit bisher eher übersehen und/oder vernachlässigt wurde, nimmt jetzt, da es gut Schlagzeug spielt und in einer Rockband sich öffentlich präsentiert, eine völlig neue Rolle, eine verbesserte Stellung und einen höheren Status in dem Jugendhaus ein, in dem es verkehrt. Aufgrund des großen Freizeitwertes, den Rockmusik bei jungen Menschen hat, genießt erst recht derjenige, der sie produzieren, 'spielen' kann, wegen dieser 'außergewöhnlichen' Fähigkeit und der unterstellten Begabung hohes Ansehen und Prestige in seinem sozialen Umfeld.

Nicht unterschätzt werden darf das Motivationspotential, das bei Jugendlichen durch die Mitarbeit in einer Rockband und dem damit zusammenhängenden Statusgewinn freigesetzt wird und das methodisch dazu verwandt werden kann, Anstrengungen über das 'Musikmachen' hinaus auf sich zu nehmen, um sich schulisch zu stabilisieren und/oder beruflich zu etablieren.

Die mobile Ausstattung des Projektes ('Geh-Struktur') besteht aus einem Kleinbus und dem 'Equipment' (Musikanlage), das alle für eine Rockband erforderlichen Geräte und Instrumente bereithält: Schlagzeug, Gesangsanlage, Verstärker, Gitarren, etc. (Ausstattung eines Rockmobils siehe Anhang 6) Sie ermöglicht die musikalisch-pädagogische Arbeit überall dort, wo Bedarf angemeldet wird, ohne daß im Vorfeld erhebliche Investitionen für Instrumente usw. erforderlich werden. Die Anlage kann so von 6 bis 10 Bands pro Woche benutzt werden. Das Ein- und Ausladen des Busses bzw. das Auf- und Abbauen der Anlage gehört dabei ebenso zum Alltag der Probearbeit wie zum 'Flair' einer 'richtigen' Rockband.

6.4.3 Die methodische Kompetenz der Anleiter/-innen[9]

Das Rockmobil-Projekt verlangt ein etwas verändertes Profil von seinen Mitarbeitern. Verändert in dem Sinne, daß der musikalische Aspekt im Projekt zunächst im Vordergrund steht und der pädagogische Auftrag sich im Rahmen dessen eher unauffällig und als sinnvolle Konsequenz der musikbezogenen Arbeit vollzieht. Entsprechend sind Mehrfachqualifikationen gefragt. Die MitarbeiterInnen sollten neben der sozialpädagogischen Qualifikation auch umfangreiche Kenntnisse als MusikerInnen sowie langjährige Erfahrungen aus eigenen Bands (live und im Studio) mitbringen. Die Beschäftigung mit Musik macht den größten Teil der Arbeit aus. Die restliche Zeit wird für gruppendynamische Prozesse benötigt, beispielsweise dafür, mit der Band Regeln und Konventionen zu entwickeln, die ein sinnvolles und produktives Arbeiten überhaupt erst ermöglichen. Beispiel: Mit dem großen Verstärkerpotential der Anlage ist es ziemlich einfach, sich über Lautstärke Geltung zu verschaffen. Dies wirft zusätzliche gruppendynamische Probleme auf, die geklärt werden müssen. In der Musiksozialarbeit ist es wichtig, daß die musikalischen Vorstellungen der Gruppe auch realisiert werden können. Dies ist bei den Rockbands natürlich nicht einfach, weil die bevorzugten Stilvorstellungen innerhalb der Band unter Umständen anfangs weit auseinanderklaffen - quasi vom Rap bis zum Heavy Metal. Die unterschiedlichen Trends kompetent und glaubhaft darzustellen und zu einem Konsens zu führen, ist eine der wichtigsten musikalischen und pädagogischen Aufgaben des Anleiters. Zum anderen muß erkannt werden, wo die musikalischen Möglichkeiten und Stärken der einzelnen Bandmitglieder liegen und wie diese auch im Hinblick jenseits der Musik gelagerter Perspektiven am besten zum Tragen gebracht werden

---

[9]   Vergleiche auch Kapitel 6.1.3.

können. Es ist deshalb unbedingt notwendig, selbst mehrere Instrumente gut spielen zu können, sich in allen gängigen Musikstilen auszukennen und über gutes technisches Verständnis von Instrumenten und Verstärkeranlagen zu verfügen. Für den Anleiter/Mitarbeiter sollte es immer Priorität haben, mit einem ausgearbeiteten Konzept, das auch über Alternativen verfügt, zu den Übungsterminen zu kommen. Einerseits ist dies wichtig, da an einem Tag das Rockmobil möglicherweise eine Jugendstrafanstalt ansteuert, wo die Rahmenbedingungen anders sind und die Jugendlichen eine ganz andere Erwartungshaltung haben, am anderen Tag wiederum ein Heim besucht wird, um eine Mädchenband zu betreuen, die nun ihrerseits eine besondere Behandlung erwartet, etc. Andererseits ist ein Konzept wichtig, da immer die Gefahr besteht, daß bei mäßiger Konzentrationsfähigkeit und geringer Frustrationstoleranz der TeilnehmerInnen gerade am Anfang der Projektarbeit eine Konzeptlosigkeit das Projekt ins Chaos führen kann und eine Projektarbeit so unmöglich wird.

Zur Kompetenz des Anleiters gehört ferner die Fähigkeit, komplizierte musikalische Sachverhalte auf ein simpleres, realisierbares Level zu reduzieren und didaktisch so aufzubereiten, daß diese von den jungen Menschen schnell erlernt werden können und die perspektivistische Ausrichtung des Projekts hin zu einer öffentlichen, konzertanten Darbietung von den Jugendlichen nicht aus dem Auge verloren wird.

6.4.4 Inhalte[10]

Bezeichnend ist bei Rockmobilteilnehmern, daß diese die inhaltliche Realisierung selbst bestimmen können. Insofern sind Inhalte abhängige Variablen, die in allen hier vorgestellten Praxisprojekttypen nicht von der Einrichtung vorgeschrieben werden, sondern gemäß dem Anspruch, möglichst authentischen Ausdruck bei Jugendlichen erreichen zu wollen, von den Teilnehmern der Projekte vorgeschlagen und bearbeitet werden. Nur so ist verständlich und erklärlich, daß z.B. eine Jugend-Rockband in einer Strafanstalt, die vom Rockmobil einmal pro Woche für zwei bis drei Stunden besucht und betreut wird, sich der Heavy Metal Musik à la 'Guns and Roses' verschreibt, die Mädchenband eines Jugendhauses sich Popmusik à la 'Madonna' aussucht und die Musikgruppe eines Ausbildungsheimes, die ebenfalls einmal die Woche vom Rockmobil betreut wird, sich aktueller, elektronisch beeinflußter Rap- und Techno-Musik à la 'Dr. Alban und Ice-T' verschreibt. All das muß inhaltlich vom Rockmobil geleistet werden.

---

[10]   Vergleiche dazu auch Kapitel 6.1.4.

6.4.5 Ziele

Durch die Arbeit des Rockmobils soll Einfluß genommen werden auf die Fähigkeiten und die Lebenssituation der Jugendlichen, und zwar in folgenden Punkten:

- Persönlichkeitsstabilisierung.
- Selbstwertsteigerung.
- Durchhaltevermögen.
- Team- und Konfliktfähigkeit.
- Verständnis für den Mitmenschen finden.
- Verbesserung von Wahrnehmungsfähigkeit und Selbstausdruck.
- Steigerung von Verantwortungsgefühl und Selbstorganisationsfähigkeit.
- Herausbildung von Einzel- und Gruppenidentitäten.
- Mehr Selbstvertrauen und Selbstachtung.
- Verbesserung von Status und sozialer Kompetenz.
- Förderung und Integration von Mädchenbands.
- Besiegen von Versagensängsten im Proberaum und bei öffentlichen Auftritten.
- Integration der Rockbands in ihr soziales Umfeld.
- Vermittlung technischer und handwerklich-musikalischer Fähigkeiten.
- Verselbständigung der Rockbands und Bereicherung der örtlichen Kulturszene.
- Prävention gegen Drogen, Alkohol und Gewalt.
- Gewinnen neuer Lebensperspektiven über die Rockmusikarbeit.

6.5 Das Mehrfachangebot und der Vernetzungsgedanke

Was kann man darunter verstehen? Bei allen mir bekannten Praxisprojekten ist die Organisationsstruktur so gelagert, daß kein Projekt als Solitärprojekt existiert, sondern daß zumeist mehrere Jugendhilfeleistungen eines Trägers angeboten werden, wovon **eine** Jugendhilfeleistung ein Rockmusikprojekt ist. Beispiel: Die Stadt X unterhält mehrere Jugendhilfeeinrichtungen, z.B. ein Mutter-Kind-Heim, ein Jugendzentrum, eine Eltern-Kind-Beratungsstelle, ein Ausbildungsheim, etc. und auch ein Rockmobil. Aufgrund der großen Popularität der Praxisprojekte und deren Effektivität im Jugendhilfebereich kommt es zu dem Phänomen, daß nicht nur ein bestimmter Träger ein Rockmusikprojekt in seinem Angebotskatalog hat, sondern mehr und mehr Träger auf unterschiedlichen Jugendhilfesektoren rockmusikalische Arbeit mit Jugendlichen und jungen Erwachsenen anbieten. Beispiel: Die Stadt X setzt auf Rockmusikprojekte z.B. in der sozialpädagogischen Arbeit mit jungen Strafgefangenen, in

Heimen und in Jugendzentren. Ein weiteres Phänomen, das zu beobachten ist, ist folgendes: Aufgrund der wenigen rockmusikalisch qualifizierten Jugendhilfeeinrichtungen und der geringen Zahl an kleinen Firmen, Vereinen, kirchlichen Stellen und sonstigen Hilfsorganisationen, die diese Rockmusikprojekte unterstützen, kommt es zu einer Vernetzung aller an Rockmusik Interessierten. Und zwar sowohl innerhalb **eines** Trägers, indem verschiedene rockpädagogische Ansätze zusammenarbeiten, als auch zwischen verschiedenen Trägern unterschiedlichster Ausrichtung und den Vereinen, Firmen, Hilfegruppen etc., die bei der Realisierung und Umsetzung der rockmusikalischen Vorstellungen aktiv mitarbeiten. Das Mehrfachangebot und der Vernetzungsaspekt, beide stabilisieren die Rockprojekte gerade auch angesichts der Mittelkürzungen im Jugendhilfebereich, gewährleisten deren Vitalität, indem neue Ideen von außen durch kompetente Anreger zugelassen werden und Gemeinschaftsprojekte expansiv und öffentlichkeitswirksam betrieben werden können. Drei real existierende Beispiele von Praxisprojekten verdeutlichen dies.

► Beispiel 1:

Das Musikmobil 'Soundtruck' aus Karlsruhe-Knielingen existiert seit ungefähr einem Jahr. Es ist auch kein Solitärprojekt, sondern arbeitet zusammen mit einem festen 'Mutterhaus' - wie bei fast allen Rockmobilen. Das 'Musikhaus', wie der stationäre Teil dieses Rockmusikprojektes aus Karlsruhe-Knielingen heißt, versorgt den Stadtteil, d.h. es macht rockmusikalische Angebote an die Jugendlichen des Stadtteils und ist als Dienstleistungsangebot für die örtlichen Knielinger Vereine interessant, die darin bestimmte Veranstaltungen abhalten bzw. sich der musikalisch-technischen Peripherie bedienen können. Auch werden in diesem 'Musikhaus' Fortbildungsmaßnahmen zur Weiterqualifizierung von Mitarbeitern solcher und ähnlicher Rockmusikprojekte angeboten und überregionale Seminare für Profis und Laien zum Thema "Rockmusik und Jugendarbeit" veranstaltet. Das Rockmobil, das eng verknüpft ist mit dem Mutterhaus, besucht seinerseits interessierte Einrichtungen in diversen Stadtteilen der Stadt Karlsruhe und arbeitet nach bestimmten Probekonzepten mit den Jugendlichen. Im Musikhaus laufen die Fäden zusammen und werden die diversen Aktivitäten beider Einrichtungen koordiniert.

► Beispiel 2:

Die Rockmusikarbeit im **Jugendgemeinschaftswerk (JGW) Krefeld**:

Traditioneller Arbeitsbereich des Trägers Internationaler Bund für Sozialarbeit (IB) ist die Arbeit mit jungen Aussiedlern in den sogenannten Jugendgemeinschaftswerken. Seit 1986 besteht nun schon ein Rockmusikangebot, das von den jungen Menschen angenommen wurde und erfolgreich arbeitet. Zukünftig wird auch ein Angebot für straffällig gewordenen Jugendliche laufen, und zwar in den JGW-Räumen. Als Alternative zu Arbeitsstunden, Geldbußen, Arrest- oder Jugendstrafen wird soziale Gruppenarbeit mit Rockmusik angeboten in Form von zeitlich befristeten Kursen (mit inszeniertem Abschluß) abgehalten. Auslöser für diese Aktivität war die positive Erfahrung im 'Aussiedlerprojekt'. Daneben bietet das JGW noch eine Mädchenband an, stellt für die Rockband eines Tagesinternats einen Proberaum zweimal in der Woche zur Verfügung und setzt aufgrund der großen Nachfrage von außerhalb auch ein Rockmobil ein. Ziele dieses Rockmobils sind:

- Begleitung und Leitung von Musikgruppen in den Clubs verschiedener JGW's.
- Aufbau eigenständiger örtlicher Musikstrukturen.
- Durchführung von Projekten in Tagesinternaten.
- Organisation und Durchführung von Konzerten der diversen Rockprojekte.
- Organisation von Wochenendkursen und -seminaren mit und über das Medium Rockmusik.
- Koordination von Musikeinrichtungen der JGW's in Nordrhein-Westfalen und von JGW's anderer Bundesländer.

Gerade beim Rockmobil des JGW Krefeld erkennt man hier sehr gut den Vernetzungsaspekt.

► Beispiel 3:

Als letztes Beispiel sei noch einmal die **Kreuzberger Musikalische Aktion** erwähnt, die sich aus einer ABM-Stelle für einen Musiklehrer mit multikulturellen Ambitionen heraus entwickelte. Als Vereinseinrichtung (e.V.) ist sie wesentlich auf Sozialsponsoring durch die Stadt Berlin sowie durch private Sponsoren und auf die Hilfe der Kulturszene angewiesen, was zu einer Vernetzung mit städtischen Schulen, städtischen Musikschulen, Jugendeinrichtungen, kleinen Handwerksbetrieben und Kulturorganisationen führte. (Vgl. Anhang 7 und 8) Aber auch innerhalb des Vereins sind die diversen Arbeitsbereiche stark miteinander verwoben und arbeiten je nach Bedarf bei der Realisierung bestimmter Projekte zusammen. Schulen des Bezirks Kreuzberg aber auch Schulen aus ganz Berlin und der Bundesrepublik Deutschland haben dort die Möglichkeit, mit ihren Rockbands und Musik-AG's unter qualifizierter Anleitung Ferien- oder Wochenendseminare zu belegen, Bandarbeit zu machen, im hauseigenen Tonstudio Präsentationsbänder (sogenannte Demo-Tapes) anfertigen zu lassen und für die eigenen Lehrkräfte Fortbildungsseminare wahrzunehmen. Alles dies ist nur möglich aufgrund des Mehrfachangebots an rockmusikalischen und medienspezifischen Arbeitsbereichen. Örtliche Künstlerorganisationen stellen Honorarkräfte (Musiker, Schauspieler, Bühnenbildner) zur Verfügung, die bei der Realisierung von Rockmusicals und Musiktheaterprojekten beratend und unterstützend zur Seite stehen. Umgekehrt beziehen diese Organisationen aus dem großen Reservoir an jungen Künstlern ihren Nachwuchs. Jugendhilfeorganisationen aus dem ganzen Bundesgebiet mit Erfahrung in der Durchführung von Rockprojekten arbeiten einmal im Jahr mit, um eine Tournee der Kreuzberger Kinder und Jugendlichen durch die Bundesrepublik organisatorisch und personell über die Bühne zu bringen. Hierbei machen alle Beteiligten wichtige Erfahrungen, die wiederum in neue Projekte miteinfließen. Kulturpolitisch betrachtet sieht das Ergebnis dieser komplexen, vernetzten und kombinierten Jugendarbeit so aus, daß der wenig geförderten Independent-Szene neue Talente und Gruppen zugeführt werden, die bereits über ein gerütteltes Maß an Praxiserfahrung verfügen und für die etablierte Kulturszene als Ideengeber und Trendsetter fungieren.

7. Rechtsgrundlagen zur Arbeit mit Rockmusik im Jugendhilfebereich[11]

Das Kinder- und Jugendhilfegesetz (KJHG), das seit dem 1.1.1991 in Kraft ist, liefert die umfassende Rechtsgrundlage für Bund, Länder und Gemeinden. In den Ausführungsgesetzen der einzelnen Bundesländer spezifiziert, bietet das KJHG den rechtlichen Orientierungsrahmen (viele 'Kann-Leistungen') und ist nur in Teilbereichen als Pflichtenkatalog zu verstehen mit gegebenenfalls einklagbaren Leistungen der öffentlichen Hand. Einschränkend wirkt auch das Selbstverwaltungsrecht der Kommunen, die entsprechend ihrer finanziellen Möglichkeiten bestimmte Facetten im Angebot der Jugendhilfeleistungen ignorieren bzw. streichen können.

§ 1 KJHG (siehe Anhang 9) hat die Funktion einer Leitnorm. Hier ist der Rechtsanspruch verankert, der jedem jungen Menschen (bis zum 27. Lebensjahr), der Leistungen zur Förderung seiner Persönlichkeitsentwicklung und Persönlichkeitsentfaltung benötigt, diese grundsätzlich möglich macht. Diese Leistungsverpflichtungen richten sich nur an öffentliche Träger der Jugendhilfe. Private Träger sind im Rahmen ihrer Gemeinnützigkeit gehalten, entsprechende Leistungen ebenfalls anzubieten.

Für die praktische Anwendung von Rockmusik mit jungen Menschen im sozialpädagogischen Arbeitsfeld sind die Gesetzesausführungen zur Jugendarbeit (§ 11 KJHG) von besonderer Bedeutung. Neben dem Anspruch auf Förderung und der Orientierung der zu gewährenden Leistungen an der Lebenswelt des Klienten etc. ist in § 11 Abs. 3 Nr.1 KJHG als ein Schwerpunkt der Jugendarbeit die außerschulische Jugendbildung gerade auch auf sozialem und kulturellem Feld betont. Der Gleichstellungsfrage von Jungen und Mädchen ist im KJHG ein eigener Abschnitt (siehe § 9 Satz 3 KJHG) gewidmet, der besagt, daß bei der Ausgestaltung etwaiger Jugendhilfeleistungen die unterschiedlichen Lebenslagen von Mädchen und Jungen zu berücksichtigen seien, Benachteiligungen abzubauen und die Gleichberechtigung von Mädchen und Jungen zu fördern sei.

In § 9 Satz 2 KJHG wird auf die besondere Berücksichtigung sozialer und kultureller Bedürfnisse von Minderjährigen hingewiesen. Der Hinweis auf die besonderen sozialen und kulturellen Bedürfnisse und Eigenarten junger Menschen erfordert von dem Fachpersonal entsprechendes Verständnis für die Lebensumstände und -stile der jungen Klienten. Um dies angemessen und effektiv zu gestalten, ist die Jugendhilfe angehalten, lebensweltnahe Hilfekonzepte anzubieten.

Weiterhin kann darauf verwiesen werden, daß auf Länder- und Kommunalebene weitere Förderungsmöglichkeiten rechtlich aufgezeigt sind, so z.B. in den Richtlinien zur Jugendbil-

---

[11]   Vergleiche Hering/Hill/Pleiner 1993, S. 281 ff.

dung (Jugendbildungswerke). Gegebenenfalls könnte das Thema Rockmusik aufgrund seiner persönlichkeitsbildenden, stabilisierenden Funktion und gesellschaftspolitischen Wirkung auch zum Inhalt von Bildungsurlaub im Rahmen des betrieblichen Bildungsurlaubsanspruchs Anwendung finden - in Wochenend-Seminaren oder auch in längerfristigen Arbeitsgruppen.

8. Anlaufstellen auf dem Weg zur Realisierung eines Rockmusikprojektes[12]

1. Zunächst sollte sich der planungswillige Mitarbeiter an seinen Träger wenden und dabei, ob freier Träger oder öffentlicher Träger, einen vorbestimmten Dienstweg einhalten, der am Ende, sind wir jetzt einmal optimistisch, zur Genehmigung des Projekts führt. Die Genehmigung bedeutet aber noch lange nicht, daß auch die Finanzierung steht!

2. Natürlich ist auch auf jeden Fall die zuständige Fachkraft beim Jugendamt, sofern man nicht ohnehin dort beschäftigt ist, mit einzubeziehen und um Unterstützung zu bitten.

3. Die Fachkraft im Jugendamt wird sicherlich z.B. auf das Jugendbildungswerk oder auf das kommunale Jugendzentrum verweisen, wo konkrete Ansprechpartner unserem Projektplaner rechtliche und finanzielle Tips geben können.

4. Möglicherweise existiert die Institution eines Kulturbeauftragten oder gar eines Rockbeauftragten (wie z.B. in Frankfurt und Mannheim), den man konsultieren sollte.

5. Ein weiterer Schritt wäre, bei der Volkshochschule anzufragen, inwieweit ein Rockmusikprojekt im Kursangebot der Volkshochschule Verwendung fände, und ob man dort bereit sei, die Finanzierung von Anleiter/Teamer/Honorarkraft zu übernehmen.

6. Falls im Angebot des Rockprojekts im besonderen an Mädchengruppen gedacht ist, sollten die vorhandenen Mädchen- und Frauenfördereinrichtungen angesprochen oder auch, so vorhanden, die Frauenbeauftragte kontaktiert werden.

7. Die in den letzten Jahren zahlreicher werdenden Jugendmusikschulen (private und öffentliche) sollten informiert und gefragt werden, inwieweit sie mit der ins Auge gefaßten Zielgruppe Berührung haben und bei der Realisierung des Projektes mithelfen können (Honorarkräfte finanzieren, Übungsräume stellen).

8. Gleichsam als Initialzündung könnte bei den alljährlich stattfindenden Ferienwochen der Kommunen ein Musikprojekt initiiert und 'am Brennen' gehalten werden.

Auf Landesebene, Bundesebene und darüber hinaus sind folgende Anlaufpunkte interessant:
- Das Kultusministerium und/oder das Ministerium für Bildung und Wissenschaft/Kunst.
- Liegt die Betonung stark auf dem sozialpädagogischen bzw. sozialtherapeutischen Ansatz, ist das Jugend- bzw. Sozialministerium Ansprechpartner.
- Das Frauenministerium bei Mädchen- und Frauensozialarbeit.
- Ist das Rockprojekt in bestimmten Berufsfördereinrichtungen integriert, ist das Wirtschaftsministerium Adressat.
- Landeswohlfahrtsverbände / Landesjugendämter bei betont sozialpädagogischem Zu-

---

[12]   Vergleiche Hering/Hill/Pleiner 1993, S. 283 ff.

schnitt des Rockprojekts.

- Landes-(jugend-)bildungsstätten und Fortbildungsinstitute.

- Landesmusikrat / Deutscher Musikrat, beides Institutionen, die sowohl mit weiteren Adressen dienen können als auch als Finanzpartner für Veranstaltungen und Workshops in Frage kommen.

- Die Bundesanstalt für Arbeit, wenn es sich um die Stellenbesetzung durch Mitarbeiter (Techniker, Musikpädagogen, etc.) im Rahmen einer Arbeitsbeschaffungsmaßnahme handelt.

- Der Bundesjugendplan des Bundesministeriums für Frauen und Jugend ermöglicht die Förderung von Projekten freier Träger.

- Jugendinitiativen können von der Europäischen Gemeinschaft Mittel erhalten, unter anderem auch zur Förderung von benachteiligten Jugendlichen.

- Stiftungen (Beispiele: Robert-Bosch-Stiftung GmbH, Aktion Sorgenkind e.V., etc.):
  Für Stiftungen ist maßgebend, daß sie auf der Grundlage ihrer satzungsgemäßen Zielsetzungen Mittel freisetzen können zur Förderung bestimmter jugendspezifischer Projekte.

- Beim Stichwort Sponsoring sollte das Augenmerk auch auf die Spenden gemeinnützig arbeitender Geldinstitute gerichtet werden, die einen Teil ihres Ertrages für soziale und kulturelle Zwecke zur Verfügung stellen.

9. Hilfen zum Einstieg in die popular-musikalische Arbeit mit Jugendlichen

Was aber tun, wenn sich Geldmittel nicht oder nur in geringem Maße 'locker' machen lassen bzw. die Vorgesetzten doch darum bitten, mit einer bescheidenen Initiative zu beginnen und im Rahmen bestehender gruppenpädagogischer Angebote (Spielgruppen, Bastelgruppen, soziale Trainingskurse, etc.) popular-musikalische Vorstöße zu wagen?

1. Nicht in jedem Fall und besonders am Anfang ist teueres elektronisches Equipment notwendig! Schon die rhythmische, körperbezogene Arbeit, die sogenannte 'Bodypercussion' oder 'Bodymusic', kann Jugendliche begeistern im Erfahren ihrer kreativen Potentiale und vielfältigen körperlichen Ausdrucksfähigkeiten. Die Bodypercussion läßt auch instrumental ungeübten Jugendlichen gute Startmöglichkeiten und die Angst, von 'musikalischen Cracks' instrumental überrollt und überfordert zu werden, entfällt. Ein weiterer positiver Ansatz liegt darin, daß eine gewisse basale Grundfertigkeit auf rhythmisch-dynamischem Gebiet erworben werden kann, die für die eventuell später zu realisierenden Rockgruppen von unschätzbarem Wert ist. Das folgende notierte Beispiel macht deutlich, was gemeint ist:

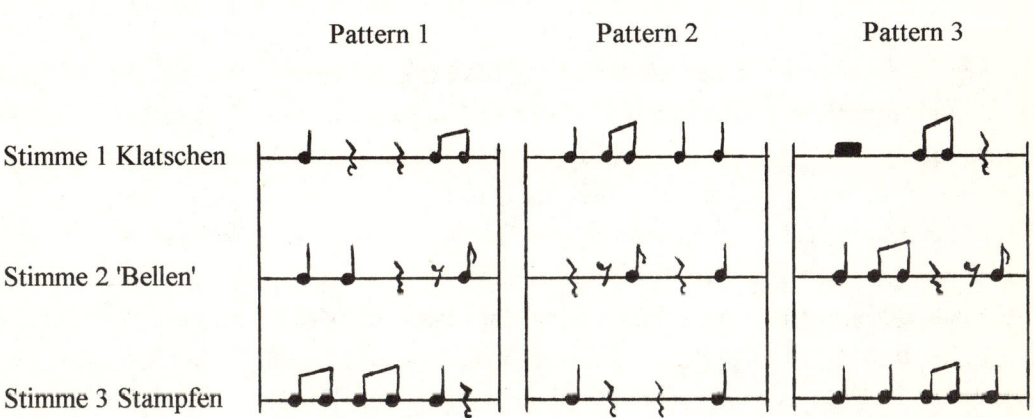

Die Partitur kann so erarbeitet werden, daß sowohl für jede Stimme mehrere Personen verantwortlich sein können, aber auch so komponiert und arrangiert werden, daß die teilnehmenden Personen koordiniert alle drei Stimmen zusammen realisieren usw.

2. Pädagogisch sinn- und wertvoll ist es, sich die Instrumente, gerade auch auf dem perkussiven Sektor, in der Gruppe selbst zu basteln. 'Shaker' aus Getränke- und Gemüsedosen, gefüllt mit unterschiedlichsten Materialien (Sand, Reis, Steine, Kastanien), bieten eine hervorragende Grundlage zur Bildung einer Samba-Gruppe oder zu Fasching als Poltergeister-

Gruppe. Alte Fahrrad- und Autoteile (Radkappen, Kotflügel, Klingeln, etc.) und leere Ölfässer sind ebenfalls prädestiniert, um ein Phantasieschlagzeug zu kreieren, an dem nicht nur eine Person sich betätigen kann und mit dem sich unterschiedliche Anwendungsgebiete eröffnen. Zur Verdeutlichung nochmals ein notiertes Beispiel:

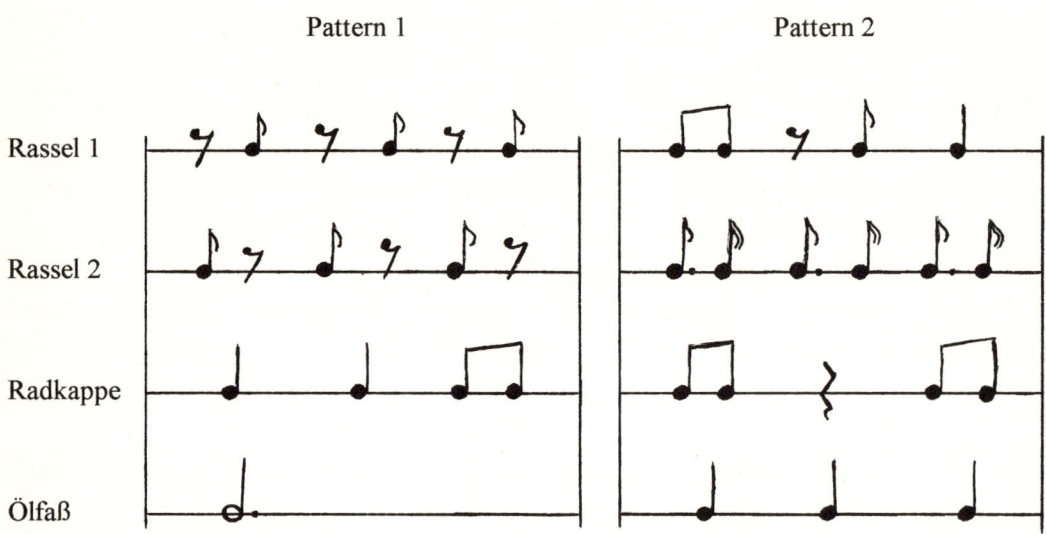

Selbstverständlich ist die Arbeit mit Notensymbolik nicht zwingend, es können auch Phantasiesymbole verwendet werden, die die Kinder und Jugendlichen selbst vorschlagen. Neben Samba-Gruppen etc. kann man auch das gedrehte Freizeit-Video neu vertonen, zusammen ein Hörspiel schreiben und vertonen oder ganz einfach mal 'die Kuh fliegen lassen'.

3. Man besorge sich einen Kamm, ein paar Bogen Butterbrotpapier, ein altes Waschbrett, fünf Fingerhüte oder eine Metallhaarbürste, einen Kisten- oder Kofferbass bestehend aus Holzkiste, Besenstiel und Wäscheleine (auch am besten mit Metallkern wegen der Tonbildung), ein paar Arbeitshandschuhe und eine Gitarre - und fertig ist die Skiffle-group. Der Kamm wird geblasen, das Waschbrett wird mit der Fingerhut-Hand oder mit der Haarbürste rhythmisch bearbeitet, der Kofferbass mit den Handschuhen gezupft - die Holzkiste ist die Resonanzkammer, die Tonhöhe verändert sich durch das Spannen der Wäscheleine über den Besenstiel und der Besenstiel überträgt die Schwingung auf den 'Koffer' - und die Gitarre als 'ordentliches Instrument' begleitet die Ausführungen. Benötigt wird also nur eine Person mit instrumentalen Fähigkeiten (für den Anfang kann dies der Anleiter übernehmen). So eine Skiffle-group braucht nicht viel Platz, verlangt keine große Einarbeitungszeit von den Jugendlichen und macht unheimlich viel Spaß. Da es sich bei einer solchen Musik vor allem um eine rhythmische Angelegenheit handelt, ist der Effekt, den man dabei erzielt, der, daß die Jugendlichen eine gewisse rhythmische Sicherheit und Stabilität erhalten, die später, wenn

auf richtigen Instrumenten gespielt wird, von großem Nutzen ist. Außerdem ist so eine Skiffle-Band die Attraktion bei Festen und Parties und der geeignete Aufhänger, die Bandarbeit bei Erfolg systematisch zu intensivieren und 'technisch' zu erweitern.

4. Das Jugendzentrum Wörth am Rhein, das über eine gut ausgestattete Holzwerkstatt verfügt, bewältigte das Bedürfnis von Jugendlichen nach rockmusikalischen Aktivitäten dahingehend, daß man unter anderem einen Gitarrenbau-Workshop anbot, in dem sich interessierte Jugendliche unter Anleitung einer Fachkraft (und die gibt es in jeder Stadt) eigenhändig ihre persönliche E-Gitarre in einem monatelangen Schaffensprozeß selbst bauen konnten. Nur die Hardware (Pickups, Mechaniken) und das fertige Griffbrett wurden gestellt. Der Workshop war ein voller Erfolg und die im Hause probenden Rockbands waren nun endlich mit guten E-Gitarren ausgerüstet. Der Materialwert pro Gitarre lag bei rund 150 bis 200 DM. Die Jugendlichen, die konzentriert über einen langen Zeitraum (ca. 4 bis 5 Monate) an ihrem Instrument arbeiten mußten, hatten ein ganz 'sensibles' und inniges Verhältnis zu ihren Instrumenten aufgebaut. Jeder konnte fortan sein eigenes Instrument auch mit nach Hause nehmen und zu Hause üben. Die Nachwuchsmusiker waren nicht nur informiert über die musikalischen Möglichkeiten ihrer Instrumente, sondern sie waren 'halbe' Experten in Gitarrenstatik und Gitarrenelektronik und ihr erworbenes mechanisches und physikalisches Wissen war auch in Schule und/oder Beruf durchaus verwendbar, ganz zu schweigen vom Gewinn an Autorität und Ansehen im 'Musikkollegenkreis'. Vorstellbar wäre, daß man eine konzertierte Aktion mit anderen interessierten Jugendeinrichtungen dahingehend macht, einen Workshop in einer dafür geeigneten handwerklichen Einrichtung durchzuführen, quasi als 'Holzpraktikum', und somit auch kostengünstiger für die Jugendlichen arbeiten könnte.

5. Eine ganze Generation von Rockmusikern in den 60er Jahren machte ihre ersten musikalischen Gehversuche u.a. mit den damals üblichen Röhrenradios, die in bezug auf Klangregelung und Lautstärke für die erste Zeit ausreichend waren. Genau diese alten Röhrengeräte sind auch heute noch auf Flohmärkten und auf dem Sperrmüll zu finden und falls defekt auch leicht zu reparieren. Deshalb auch der Vorschlag, sich dieser Geräte im Notfall zu bedienen, sie leisten zu Anfang gute Dienste.

6. Ist man nun schon die ersten Schritte hin zu einem Rockprojekt gegangen, so sollte man unbedingt ein in der Region angesiedeltes Rockprojekt / Rockmobil kontaktieren und um Unterstützung in Form einer Zusammenarbeit einmal wöchentlich nachsuchen. Auf diese Weise ließe sich nun auch der technische Standard auf ein aktuelleres Niveau heben und die herangeführten Jugendlichen könnten weiter motiviert werden, ihre kreativen Pläne konzentriert und konsequent zu verfolgen und ihre Anstrengungen eines Tages in Form von Konzerten belohnt zu sehen.

7. Rockmusikspezifische Literatur: Seit Ende der 80er Jahre taucht verstärkt Literatur auf, die speziell auf junge Rockmusiker/-innen ausgerichtet ist und methodisch-didaktisch eine altersadäquate und rockspezifische Vorgehensweise bevorzugt gegenüber der sehr trokkenen 'klassischen' Musikschule. Auch haben diese neuen Musikschulen meist eine Kassette bzw. CD beiliegen, mit der man zu Hause sehr gut zu einer kompletten Band die einzelnen Parts einüben kann, was vieles erleichtert und beschleunigt. Desweiteren bietet dieses Klangmaterial auch dem Anleiter die Möglichkeit, von neuen Sounds angeregt zu werden, interessante Arrangements zu entdecken bzw. Alternativen zu diesem Material zu entwickeln und den Jugendlichen vorzuschlagen. (Siehe Literaturverzeichnis: Musikalische Lehrbücher)

10. Schlußanmerkung

Zum Abschluß dieser Arbeit sei es gestattet, ein paar persönliche Gedanken zu äußern. Von Kolleginnen und Kollegen, die lange Jahre in der sozialen Arbeit tätig sind und unter großen Belastungen arbeiten müssen, ist häufig der Satz zu hören: "Dank kann man und darf man vom Klienten nicht erwarten!" Wenn ich dies interpretieren darf, so ist wohl damit gemeint, daß das Maß an Lob und Anerkennung, das vom Klienten kommt, doch relativ gering bemessen ist.

Seit über 10 Jahren arbeite ich mit jungen Menschen auf rockmusikalischem Gebiet zusammen, Mädchen und Jungen von 12 - 36 Jahren. Ich gebe Instrumentalunterricht, berate beim Arrangement von Songs und helfe auch mal bei Studioproduktionen von jungen Rockbands aus. Der Dank, den ich erhalte, ist der hohe Grad an Befriedigung, den ich verspüre, wenn Menschen - die z.B. mit 13 oder 14 Jahren angefangen haben, sich intensiv mit einem Instrument zu beschäftigen, anfangs unsicher und gehemmt waren, mit sich und der Welt uneins und teilweise harte 'Kämpfe' durchstehen mußten, bis das Hobby auch von den Eltern anerkannt wurde - dann irgenwann es geschafft haben, locker und selbstbewußt auf einer Bühne zu stehen, sich der 'Magie' bewußt geworden sind, die von der Musik ausgeht und die Zuhörer erfaßt und zu Persönlichkeiten werden, die was zu sagen haben, nicht nur verbal. Da ist dann etwas im Raum, das man nicht mit Worten beschreiben kann. Menschen, die gelernt haben, mit ihren Emotionen und Phantasien auch öffentlich umzugehen, erwerben eine spürbare Sicherheit und ein Ruhen in sich. Das glaube ich erfahren zu haben.

Ein weiterer Punkt ist der, daß die Träume und Visionen von der Karriere im Musikbusiness sich relativieren, wenn es anders kommt als man denkt: Eine Handvoll der jungen Menschen, die ich betreut habe, arbeitet heute in der Musikindustrie: als Verkäufer, als Elektroniker in der Serviceabteilung eines Musikgeschäftes, als Kaufmann in der Verwaltung eines Musikgeschäftes, als diplomierter Musiker in einer kommunalen Musikschule.

Die Mühe, die man sich gemacht hat, um Menschen nicht nur musikalisch weiterzubringen, sondern auch menschlich weiterzuhelfen, wird belohnt durch die vielen Konzerte von Rockgruppen im Laufe eines Jahres, in denen ehemalige Schüler und Schülerinnen heute spielen und zu denen man gerne geht, um etwas von der Intensität und Passion wiederzufinden, die man vor Jahren investierte.

Anhang 1:

Verein Kreuzberger Musikalische Aktion e.V. Berlin
Haushalts / Finanzierungsplan 1993

EINNAHMEN

1. **Erwartete Zuwendung der Senatsverwaltung**   **238.506,59 DM**
   für Jugend und Familie
2. Eigenmittel (Beiträge)   **1.000,00 DM**
3. **Zuwendungen vom Bezirksamt Kreuzberg**   **5.000,00 DM**

AUSGABEN

1.	Personalausgaben		
	1.1 festangestellte Kräfte	116.854,51 DM	
	1.2 Honorarkräfte	24.344,00 DM	**141.198,51 DM**
2.	Sächliche Projektausgaben		
	2.1 Allgemeine Kosten	70.570,08 DM	
	2.2 Projektbezogene Beschaffungen	17.500,00 DM	
	2.5 Sonstige Veranstaltungen	5.000,00 DM	
	2.6 Sonstige (Versicherung)	10.238,00 DM	**103.308,08 DM**
		Ausgaben insgesamt	**244.506,59 DM**

A U S G A B E N Ü B E R S I C H T :

1. Personalkosten

1.1 Festangestellte Kräfte		
a) 1 Stelle Tarif V b		**44.240,58 DM**
b) 1 Stelle Tarif IV b		**48.979,73 DM**
c) 0,5 Stelle Tarif VI b		**23.341,20 DM**
1.2 Honorare für KünstlerInnen		**19.344,00 DM**
Honorare für Reinigung		**5.000,00 DM**

2. Sächliche Projektausgaben

2.1 Allgemeine Kosten

a) Mieten für **Theaterraum, qm Fl. 268,31 qm**

    monatl. 2.816,62 DM kalt

        +   536,00 DM warm

        2.816,64 DM Warmmiete   jährl.   **33.799,68 DM**

b) Mieten für **Musikraum, qm Fl. 239,78 qm**

    monatl. 1.966,20 DM kalt

        +   479,00 DM Heizung

        +   119,00 DM Fahrstuhl

        2.564,20 DM Warmmiete   jährl.   **30.770,40 DM**

2.1.1 Verwaltungskosten

Telefon / Fax	**2.000,00 DM**
Briefe / Porto	**2.000,00 DM**
Reisekosten	**2.000,00 DM**

2.2 Projektbezogene Beschaffungen

Investition im Büro:

a) Fotokopierer	**2.500,00 DM**
b) Computer und Laserdrucker	**5.000,00 DM**
Arbeitsmaterialien, Stoffe, Papier, Stifte	**5.000,00 DM**
Instrumente und Verstärker	**5.000,00 DM**

2.5 Sonstige Veranstaltungen,

Werbung, Materialien für Bands und Workshops	**5.000,00 DM**

2.6 Sonstige (Versicherungen, Beiträge)

a) Versicherungen	**2.634,00 DM**
- Haftpflicht für Kinder	
- Einbruch, Vandalismus	
- Glas	
- Feuer, Sturm	
b) BEWAG für 2 Räume	**3.204,00 DM**
c) Müllcontainer (ALBA)	**2.400,00 DM**
d) Versicherung und Steuer für	
Transporter für Musikanlage	**2.000,00 DM**

Anhang 2:

Kosten des Musik-Theaterprojektes "Spreer/in"
der Kreuzberger Musikalischen Aktion im Jahre 1991

HONORARE für Mitarbeiter des Projekts

Honorar für anleitenden Schauspieler für 10 Monate Karl-Heinz Haase, monatl. 40 Stunden à DM 25,-	DM	10.000,-
Honorar für anleitende Schauspielerin für 10 Monate Gudrun Siegler, monatl. 40 Stunden à DM 25,-	DM	10.000,-
Honorar für anleitende Musikerin für 10 Monate Astrid Löser, monatl. 40 Stunden à DM 25,-	DM	10.000,-
Honorar für anleitenden Musiker und Techniker Juan-Carlos Szameitat, monatl. 40 Stunden à DM 25,-	DM	10.000,-
Honorar für Tontechniker für Tonaufnahmen (Werkvertrag)	DM	3.000,-
Honorar für anleitenden Bühnenbauer und Objektbau	DM	5.000,-
Honorar für Maskenbildnerin	DM	3.000,-
Honorar für Kostümschneiderin für Entwürfe und Anleitung	DM	3.000,-
Werkvertrag für künstlerische Leitung, Musik-, Text- und Arrangementerarbeitung	DM	10.000,-
Honorarsumme:	**DM**	**64.000,-**

MIETE für die Anmietung von Räumen, Licht- und Tonanlagen sowie für Bühnenelemente und Transport

Räume für 11 Monate Anmietung von Räumen mit Instrumentarium für Musikproben und Tanzübungen, 5 Tage in der Woche, pro Tag DM 100,-	DM	22.000,-
Räume für gemeinsame Aufführungen der verschiedenen Gruppen, 10 Tage insgesamt, pro Aufführung DM 250,-	DM	2.500,-

Licht- und Bühnentechnik: Scheinwerfer, Traversensystem, Bühneneffekte, Dekoration	DM	10.000,-
Podeste und Bühnenbespannung	DM	5.000,-
Miete für Tonstudio für DEMO-Cassette und Dokumentation	DM	5.000,-
Summe für Mieten:	**DM**	**44.500,-**

SACHMITTEL für das Musiktheaterprojekt

Materialien für Kulissenbau undObjektbau, Farben, etc.	DM	4.000,-
Stoffe und Materialien fürKostüme und Bühne	DM	4.000,-
Videomaterial für Camcorder	DM	500,-
Beta Cam Cassetten	DM	500,-
Cassettenmaterial für Tonaufnahmen	DM	200,-
Summe für Sachmittel:	**DM**	**9.200,-**

WEITERE POSITIONEN für das Musiktheaterprojekt

Professionelle Videoproduktion für die Fernsehausstrahlung und für den Verkauf auf Beta Cam	DM	4.000,-
Anmietung von Videocameras, 10 Monate oder Kauf von zwei Videocameras, Camcorder	DM	5.000,-
Anmietung des Musikinstrumentariums für 20 MusikerInnen und Bühnentechnik, pro Tag DM 300,- für 11 Monate	DM	52.800,-
Plakate, Entwürfe, Jury	DM	5.000,-
Dokumentation	DM	3.000,-
Post, Telefonate, Briefe, Papier	DM	1.000,-
Fotokopien	DM	2.000,-

unvorhersehbare Ereignisse	DM	3.000,-
Tournee '91 mit dem Musiktheaterstück	DM	20.000,-
Summe:	**DM**	**95.800,-**

EIGENLEISTUNGEN für die Projektfinanzierung

Honorar für Musik, Text- und Arrangementserarbeitung, künstlerische Leitung Wolfhard Schulze-Eggebrecht	DM	10.000,-
Räume für gemeinsame Aufführungen Kreuzberger Musikalische Aktion e.V.	DM	2.500,-
Anmietung von Videocameras	DM	5.000,-
Anmietung des Instrumentariums	DM	52.800,-
Plakate	DM	5.000,-
Dokumentation	DM	3.000,-
Postgebühren, Briefe, etc.	DM	1.000,-
Fotokopien	DM	2.000,-
unvorhersehbare Ereignisse und Materialien	DM	3.000,-
Tournee '91: Finanzierung durch Sponsoren und andere Einrichtungen außerhalb von Berlin	DM	20.000,-
Summe der Eigenleistungen	**DM**	**104.300,-**

GESAMTRECHNUNG

Honorare	DM	64.000,-
Miete	DM	44.500,-
Sachmittel	DM	9.200,-
Anmietung Instrumentarium	DM	52.800,-
Videoproduktion	DM	4.000,-

Anmietung von Videocameras	DM	5.000,-
Tournee '91	DM	20.000,-
Plakate	DM	5.000,-
Dokumentation	DM	3.000,-
weitere Positionen	DM	6.000,-
Kosten des Projekts	DM	213.500,-
Eigenleistungen	- DM	104.300,-
Antragssumme	**DM**	**109.200,-**

Anhang 3:

Werbeplakat für die Vorpremiere des "Circus Experimint" am 18.12.1992 in Berlin

Anhang 4:

Werbeplakat für die KINDER-FRIEDENS-TOURNEE vom 4. - 11. Juni 1993

Anhang 5:

Text des Faltblattes über das Projekt "Lass' 1000 Steine rollen!" des Vereins Hilfe für alkoholgefährdete Kinder und Jugendliche e.V. Hamburg

Sex ' n Drugs ' n ' Rock ' n ' Roll ! Die Dreidimensionalität der Jugendkultur ?

Daß dies nicht so ist, beweisen eine Menge Jugendliche und Junggebliebene im Projekt **LASS' 1000 STEINE ROLLEN!**. Gegen Sex und Rock'n'Roll allerdings ist nichts einzuwenden. Und da man für Sex keinen isolierten Proberaum braucht, wird im Projekt in erster Linie gerockt! Bei dem Angebot an Aktivitäten gerät dann auch das Interesse an Drogen/Alkohol in den Hintergrund. Unter den Besuchern gibt es zwar einige, die nie besonders scharf auf solche Sachen waren, aber die Anzahl derjenigen, die mit sich kämpfen, ist nicht gerade klein. Die 'Mischung' hat einen positiven Effekt.

Dem Projekt stehen Übungsräume zur Verfügung, in denen man schallisoliert als Formation oder einzeln proben kann. Die musikalische Entwicklung kann auf Wunsch durch Band-Training oder Einzelunterricht an allen üblichen Rock-Instrumenten, aber auch durch Harmonielehre-Kurse begleitet und gefördert werden. Instrumente stehen im Projekt zur Verfügung und sogar ein Demo-Tonstudio (16- Spur) kann auf Anfrage zum günstigen Kurs gebucht werden. Aber nicht nur musikalische, sondern auch andere künstlerische Interessen können bei den "Steinen" verfolgt werden: Theater, Malen und Zeichnen, Verstärkertechnik etc. wird in Workshops vermittelt.

Das **Café TROCKENDOCK** - im Mutterhaus in der Spohrstraße - ist unter der Woche Kantine und Treffpunkt. Am Wochenende aber geht hier die Post ab mit Live-Musik oder "Disse". Hier haben Amateurgruppen genauso wie Profi-Bands die Gelegenheit, sich einem teilweise schon recht großen Publikum vorzustellen.

LASS' 1000 STEINE ROLLEN! knupft nur wenige Bedingungen an die Nutzung seiner Möglichkeiten:

- **Kein Alkohol oder eine andere Droge im Körper zum Zeitpunkt der Projektnutzung !**
- **Keine Gewalt oder Androhung von Gewalt !**
- **Keiner ist wichtiger als der andere !**

Diese Regeln sind von Jugendlichen und Mitarbeitern gemeinsam entwickelt worden.

Es gibt eine Vollversammlung aller Besucher, auf der viele wichtige Entscheidungen mit einfacher Mehrheit getroffen werden können. Neue pädagogische Kräfte stellen sich hier vor und zur Diskussion.

Die Mitarbeiter werden unterstützt durch Honorarkräfte, deren Aufgabe das Unterrichten und die Betreuung der verschiedenen kreativen Bereiche ist.

Im Zusammenhang mit diesen Aktivitäten steht eine intensive "Öffentlichkeitsarbeit": Sobald Musik- oder Theatergruppen fertige Stücke parat haben, treten sie im **TROCKENDOCK** oder bei den unterschiedlichsten Veranstaltungen lokal, national oder sogar international auf. **LASS' 1000 STEINE ROLLEN!** organisiert aber auch eigene Rock-Festivals im mittleren Größenbereich, wie zum Beispiel das in Hamburg inzwischen bekannte **Hamburger Clean Festival**, welches u.a. in der FABRIK, der MARKTHALLE und im DOCK's stattfand.

LASS' 1000 STEINE ROLLEN! ist eingebettet in ein umfassendes System zur Suchtprävention. Es stellt eine äußerst aktuelle Form der aktiven und niedrigschwelligen Suchtarbeit dar und arbeitet mit anderen Trägern und Einrichtungen zusammmen:

- Fachkliniken und therapeutischen Wohngemeinschaften der stationären Therapie
- Beratungsstellen und Selbsthilfegruppen der ambulanten Therapie
- Initiativen und behördlichen Stellen der Jugendsozialarbeit sowie Schulen

Mit der vereinseigenen Sucht-Beratungsstelle **KOMPAß** besteht naturgemäß eine besonders enge Zusammenarbeit.

LASS' 1000 STEINE ROLLEN! kann seit seiner Gründung 1983 beachtliche Erfolge vorweisen. Die Zahl der jungen Leute, die alle aus freien Stücken kommen, ist in dieser Zeit beträchtlich gestiegen und man ist leider immer wieder vor Kapazitätsgrenzen in allen möglichen Bereichen der Arbeit gestellt. In 5 Stadtteilen hat das Projekt inzwischen Fuß gefaßt und arbeitet mit einer Kirchengemeinde und mit einem Haus der Jugend zusammen. Auch in Lüneburg hat sich ein "Projekt 1000 Steine" gegründet. Die Idee einer solchen Einrichtung wurde 1979 zum ersten Mal in Schweden (Göteborg) umgesetzt, vier jahre später nach Hamburg transportiert und vom Verein **HILFE FÜR ALKOHOLGEFÄHRDETE KINDER UND JUGENDLICHE E.V.** aufgenommen. Seit dieser Zeit bestehen gute Kontakte zu den Ur-Steinen.

Anhang 6:

Mögliche Ausstattung eines Rockmobils

Grundsätzlich sind für den Aufbau eines Rockmobils erforderlich: ein hauptamtlicher Pädagoge, mehrere Honorarkräfte, ein Transportfahrzeug und ein umfangreiches semiprofessionelles Equipment. Die Ausstattung und der personelle Rahmen sollten folgenden Umfang haben:

1. Eine Planstelle für einen Sozialpädagogen mit musik-

pädagogischer Qualifikation ca.	DM	70.000,-
Honorarkräfte	DM	20.000,-
2. Ein Bus von der Größe eines VW-LT-Busses	DM	40.000,-

3. Grundausstattung mit Instrumenten:

2 E-Gitarren à DM 300,-	DM	600,-
2 Gitarrenkoffer à DM 200,-	DM	400,-
2 Gitarrenverstärker à DM 600,-	DM	1.200,-
2 Baß-Gitarren à DM 500,-	DM	1.000,-
2 Baß-Koffer à DM 200,-	DM	400,-
1 Baß-Verstärker	DM	1.200,-
1 Drum-Set	DM	3.000,-
1 Gestänge-Koffer	DM	500,-
1 Satz Koffer	DM	600,-
2 Satz Congas	DM	1.400,-
1 Satz Bongos	DM	100,-
1 Timbales	DM	600,-
diverse Rhythmusinstrumente (Kabasa, Guiro, Holzblock, Kuhglocke, div. Stöcke)	DM	1.400,-
1 Keyboard/Synthesizer	DM	4.000,-
4 Speaker Boxen à DM 500,-	DM	2.000,-
Mixer	DM	2.000,-
1 Gesangsanlage	DM	1.200,-
4 Micros à DM 300,-	DM	1.200,-
diverse Koffer, Kabel, Stimmgerät, Gitarrenständer	DM	500,-
4. Kosten für Reparaturen von Instrumenten	DM	5.000,-

	DM	158.300,-

(Entnommen der Konzeption des Rockmobils des Jugendgemeinschaftswerkes Krefeld beispielhaft für andere Rockmobile. (Vgl. Literaturverzeichnis)

Anhang 7:

Vernetzung der außerschulischen und schulischen Einrichtungen im Stadtteil SO 36 für Kinder und Jugendliche

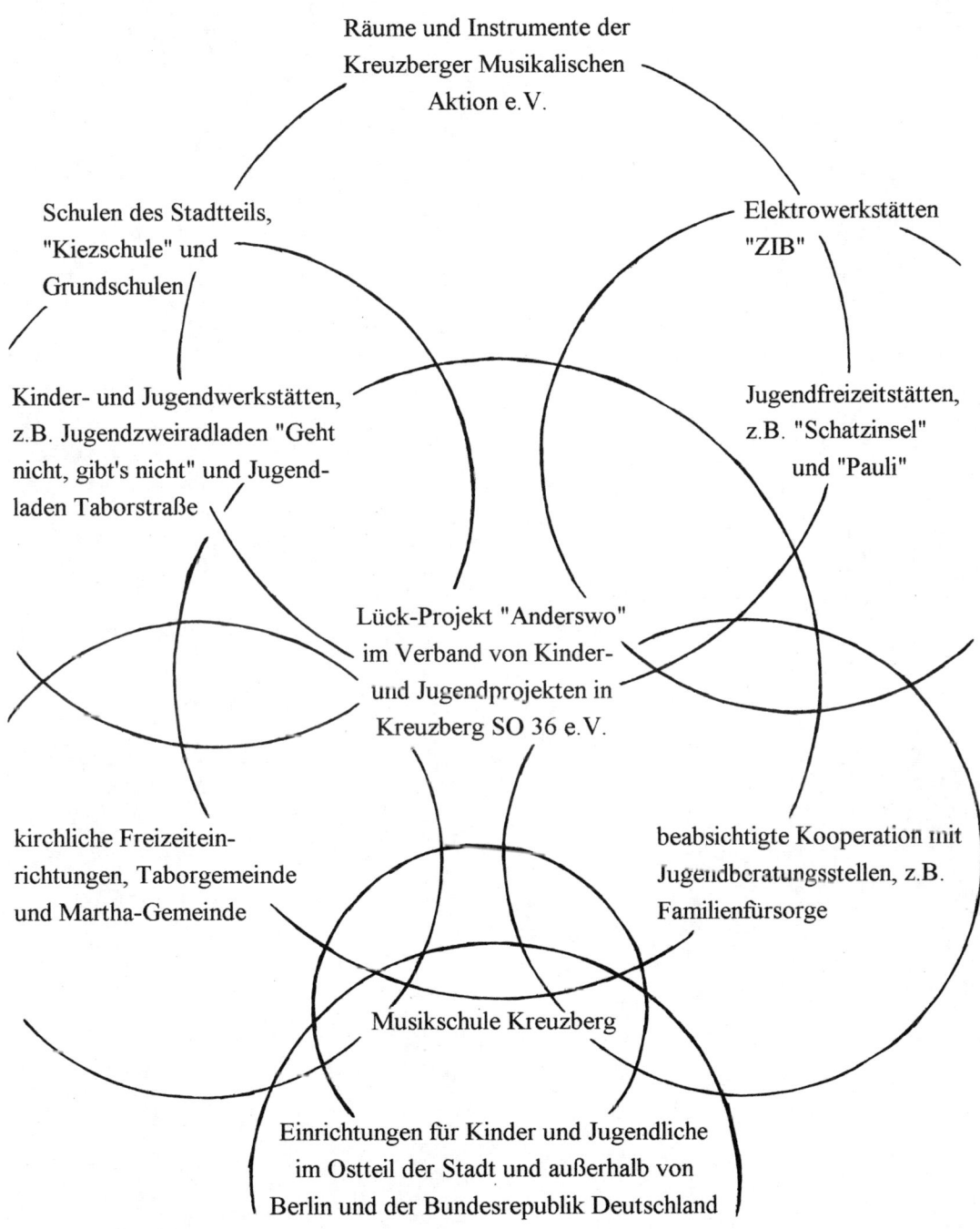

Räume und Instrumente der
Kreuzberger Musikalischen
Aktion e.V.

Schulen des Stadtteils,
"Kiezschule" und
Grundschulen

Elektrowerkstätten
"ZIB"

Kinder- und Jugendwerkstätten,
z.B. Jugendzweiradladen "Geht
nicht, gibt's nicht" und Jugend-
laden Taborstraße

Jugendfreizeitstätten,
z.B. "Schatzinsel"
und "Pauli"

Lück-Projekt "Anderswo"
im Verband von Kinder-
und Jugendprojekten in
Kreuzberg SO 36 e.V.

kirchliche Freizeitein-
richtungen, Taborgemeinde
und Martha-Gemeinde

beabsichtigte Kooperation mit
Jugendberatungsstellen, z.B.
Familienfürsorge

Musikschule Kreuzberg

Einrichtungen für Kinder und Jugendliche
im Ostteil der Stadt und außerhalb von
Berlin und der Bundesrepublik Deutschland

Anhang 8:

Graphische Darstellung der organisatorischen Struktur des Vereins Kreuzberger Musikalische Aktion e.V.

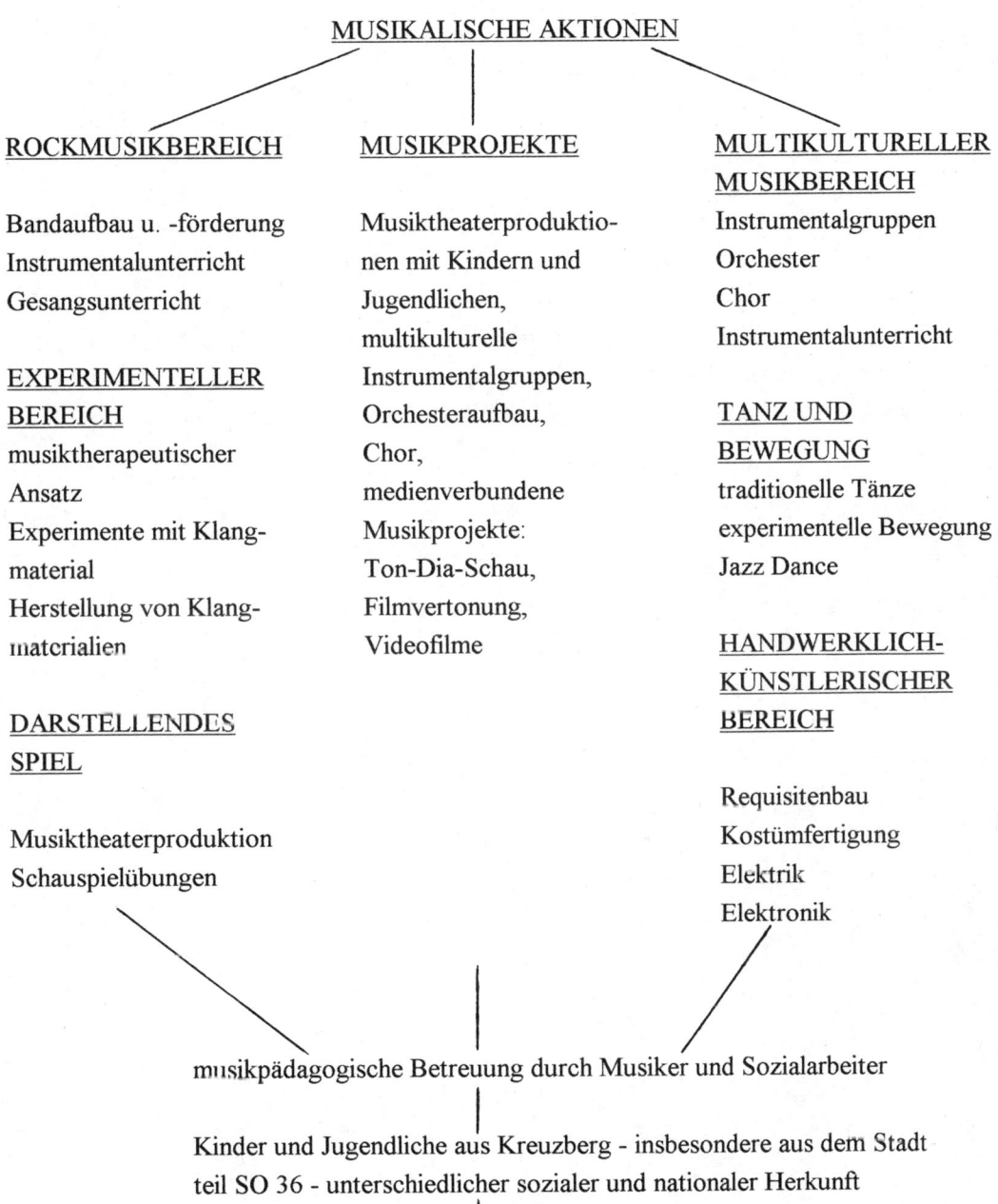

MUSIKALISCHE AKTIONEN

ROCKMUSIKBEREICH

Bandaufbau u. -förderung
Instrumentalunterricht
Gesangsunterricht

EXPERIMENTELLER BEREICH

musiktherapeutischer
Ansatz
Experimente mit Klang-
material
Herstellung von Klang-
materialien

DARSTELLENDES SPIEL

Musiktheaterproduktion
Schauspielübungen

MUSIKPROJEKTE

Musiktheaterproduktio-
nen mit Kindern und
Jugendlichen,
multikulturelle
Instrumentalgruppen,
Orchesteraufbau,
Chor,
medienverbundene
Musikprojekte:
Ton-Dia-Schau,
Filmvertonung,
Videofilme

MULTIKULTURELLER MUSIKBEREICH

Instrumentalgruppen
Orchester
Chor
Instrumentalunterricht

TANZ UND BEWEGUNG

traditionelle Tänze
experimentelle Bewegung
Jazz Dance

HANDWERKLICH-KÜNSTLERISCHER BEREICH

Requisitenbau
Kostümfertigung
Elektrik
Elektronik

musikpädagogische Betreuung durch Musiker und Sozialarbeiter

Kinder und Jugendliche aus Kreuzberg - insbesondere aus dem Stadt
teil SO 36 - unterschiedlicher sozialer und nationaler Herkunft

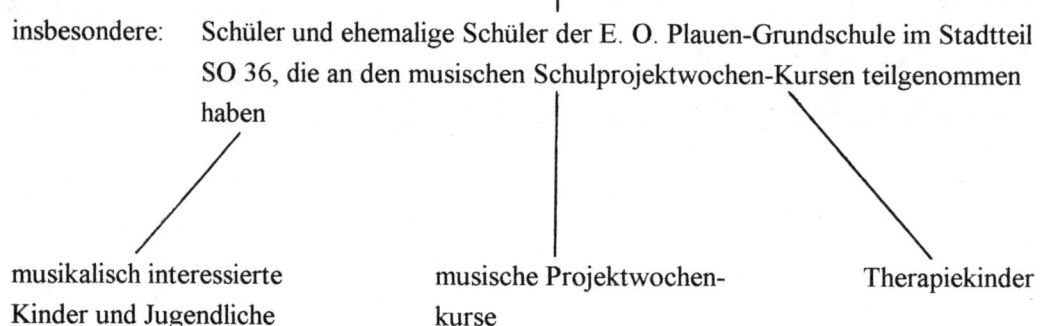

insbesondere: Schüler und ehemalige Schüler der E. O. Plauen-Grundschule im Stadtteil SO 36, die an den musischen Schulprojektwochen-Kursen teilgenommen haben

musikalisch interessierte Kinder und Jugendliche

musische Projektwochen-kurse

Therapiekinder

Kooperation mit schulischen und außerschulischen Kinder- und Jugendeinrichtungen:
  - Beratung, Betreuung und Realisierung musikbezogener Projekvorstellungen

----

Aufbau eines selbständigen, nichtkommerziellen Ton-Studio- und Musikverlagbetriebes:
  - regelmäßige Produktion von Schallplatten oder Kassetten zur Veröffentlichung und Dokumentation der aktuellen Kreuzberger Musikentwicklung und Musikszene

(Siehe Praxisprojekte im Literaturverzeichnis: Kreuzberger Musikalische Aktion)

Anhang 9:

Auszüge aus dem KJHG

Kinder- und Jugendhilfe wurde durch das Kinder- und Jugendhilfegesetz - KJHG - vom 26.6.1990 neu geordnet und als VIII. Buch in das Sozialgesetzbuch eingegliedert. Jedem jungen Menschen wird darin ein Recht auf Förderung seiner Entwicklung und auf Erziehung zu einer eigenverantwortlichen und gemeinschaftsfähigen Persönlichkeit eingeräumt. Zur Verwirklichung dieses Rechts soll die Jugendhilfe insbesondere junge Menschen in ihrer individuellen und sozialen Entwicklung fördern und dazu beitragen, Benachteiligungen zu vermeiden oder abzubauen, Eltern und andere Erziehungsberechtigte bei der Erziehung beraten und unterstützen. Ferner soll sie Kinder und Jugendliche vor Gefahren für ihr Wohl schützen und dazu beitragen, positive Lebensbedingungen für junge Menschen und ihre Familien sowie eine kinder- und familienfreundliche Umwelt zu erhalten oder zu schaffen. (Aus: Kauffmann 1992)

§ 1 KJHG: Recht auf Erziehung, Elternverantwortung, Jugendhilfe
(1) Jeder junge Mensch hat ein Recht auf Förderung seiner Entwicklung und auf Erziehung zu einer eigenverantwortlichen und gemeinschaftsfähigen Persönlichkeit.
(2) Pflege und Erziehung der Kinder sind das natürliche Recht der Eltern und die zuvörderst ihnen obliegende Pflicht. Über ihre Betätigung wacht die staatliche Gemeinschaft.
(3) Jugendhilfe soll zur Verwirklichung des Rechts nach Absatz 1 insbesondere

1. junge Menschen in ihrer individuellen und sozialen Entwicklung fördern und dazu beitragen, Benachteiligungen zu vermeiden oder abzubauen,
2. Eltern und andere Erziehungsberechtigte bei der Erziehung beraten und unterstützen,
3. Kinder und Jugendliche vor Gefahren für ihr Wohl schützen,
4. dazu beitragen, positive Lebensbedingungen für junge Menschen und ihre Familien sowie eine kinder- und familienfreundliche Umwelt zu erhalten oder zu schaffen.

§ 7 KJHG: Begriffsbestimmungen
(1) Im Sinne dieses Buches ist

1. Kind, wer noch nicht 14 Jahre alt ist, soweit nicht die Absätze 2 bis 4 etwas anderes bestimmen,
2. Jugendlicher, wer 14, aber noch nicht 18 Jahre alt ist,
3. junger Volljähriger, wer 18, aber noch nicht 27 Jahre alt ist,
4. junger Mensch, wer noch nicht 27 Jahre alt ist,
5. Personensorgeberechtigter, wem allein oder gemeinsam mit einer anderen Person

nach den Vorschriften des Bürgerlichen Gesetzbuchs die Personensorge zusteht,

6. Erziehungsberechtigter, der Personensorgeberechtigte und jede sonstige Person über 18 Jahren, soweit sie aufgrund einer Vereinbarung mit dem Personensorgeberechtigten nicht nur vorübergehend und nicht nur für einzelne Verrichtungen Aufgaben der Personensorge wahrnimmt.

(2) Kind im Sinne des § 1 Abs. 2 ist, wer noch nicht 18 Jahre alt ist.

(3) Nichteheliches Kind im Sinne dieses Buches ist, wer nichtehelicher Abstammung und noch nicht 18 Jahre alt ist.

(4) Die bestimmungen dieses Buches, die sich auf die Annahme als Kind beziehen, gelten nur für Personen, die das 18. Lebensjahr noch nicht vollendet haben.

§ 8 KJHG: Beteiligung von Kindern und Jugendlichen

(1) Kinder und Jugendliche sind entsprechend ihrem Entwicklungsstand an allen sie betreffenden Entscheidungen der öffentlichen Jugendhilfe zu beteiligen. Sie sind in geeigneter Weise auf ihre Rechte im Verwaltungsverfahren sowie im Verfahren vor dem Vormundschaftsgericht und dem Verwaltungsgericht hinzuweisen.

(2) Kinder und Jugendliche haben das Recht, sich in allen Angelegenheiten der Erziehung und Entwicklung an das Jugendamt zu wenden.

(3) Kinder und Jugendliche können ohne Kenntnis des Personensorgeberechtigten beraten werden, wenn die Beratung aufgrund einer Not- und Konfliktlage erforderlich ist und solange durch die Mitteilung an den Personensorgeberechtigten der Beratungszweck vereitelt würde.

§ 9 KJHG: Grundrichtung der Erziehung, Gleichberechtigung von Mädchen und Jungen

Bei der Ausgestaltung der Leistungen und der Erfüllung der Aufgaben sind

1. die von den Personensorgeberechtigten bestimmte Grundrichtung der Erziehung sowie die Rechte der Personensorgeberechtigten und des Kindes oder des Jugendlichen bei der Bestimmung der religiösen Erziehung zu beachten,

2. die wachsende Fähigkeit und das wachsende Bedürfnis des Kindes oder des Jugendlichen zu selbständigem, verantwortungsbewußtem Handeln sowie die jeweiligen besonderen sozialen und kulturellen Bedürfnisse und Eigenarten junger Menschen und ihrer Familien zu berücksichtigen,

3. die unterschiedlichen Lebenslagen von Mädchen und Jungen zu berücksichtigen, Benachteiligungen abzubauen und die Gleichberechtigung von Mädchen und Jungen zu fördern.

§ 11 KJHG: Jugendarbeit

(1) Jungen Menschen sind die zur Förderung ihrer Entwicklung erforderlichen Angebote der Jugendarbeit zur Verfügung zu stellen. Sie sollen an den Interessen junger Menschen anknüpfen und von ihnen mitbestimmt und mitgestaltet werde, sie zur Selbstbestimmung befähigen und zu gesellschaftlicher Mitverantwortung und zu sozialem Engagement anregen und hinführen.

(2) Jugendarbeit wird angeboten von Verbänden, Gruppen und Initiativen der Jugend, von anderen Trägern der Jugendarbeit und den Trägern der öffentlichen Jugendhilfe. Sie umfaßt für Mitgleider bestimmte Angebote, die offene Jugendarbeit und gemeinwesenorientierte Angebote.

(3) Zu den Schwerpunkten der Jugendarbeit gehören:

1. außerschulische Jugendbildung mit allgemeiner, politischer, sozialer, gesundheitlicher, kultureller, naturkundlicher und technischer Bildung,
2. Jugendarbeit in Sport, Spiel und Geselligkeit,
3. arbeitswelt-, schul- und familienbezogene Jugendarbeit,
4. innerdeutsche und internationale Jugendarbeit,
5. Kinder- und Jugenderholung,
6. Jugendberatung.

(4) Angebote der Jugendarbeit können auch Personen über 27 Jahre in angemessenem Umfang einbeziehen.

§ 13 KJHG: Jugendsozialarbeit

(1) Jungen Menschen, die zum Ausgleich sozialer Benachteiligungen oder zur Überwindung individueller Beeinträchtigungen in erhöhtem Maße auf Unterstützung angewiesen sind, sollen im Rahmen der Jugendhilfe sozialpädagogische Hilfen angeboten werden, die ihre schulische und berufliche Ausbildung, Eingliederung in die Arbeitswelt und ihre soziale Integration fördern.

(2) Soweit die Ausbildung dieser jungen Menschen nicht durch Maßnahmen und Programme anderer Träger und Organisationen sichergestellt wird, können geeignete sozialpädagogisch begleitete Ausbildungs- und Beschäftigungsmaßnahmen angeboten werde, die den Fähigkeiten und dem Entwicklungsstand dieser jungen Menschen Rechnung tragen.

(3) Jungen Menschen kann während der Teilnahme an schulischen oder beruflichen Bildungsmaßnahmen oder bei der beruflichen Eingliederung Unterkunft in sozialpädagogisch begleiteten Wohnformen angeboten werden.

(4) Die Angebote sollen mit den Maßnahmen der Schulverwaltung, der Bundesanstalt für Arbeit, der Träger betrieblicher und außerbetrieblicher Ausbildung sowie der Träger von Beschäftigungsangeboten abgestimmt werden.

Literaturverzeichnis

Allgemeine Literatur

Baacke, D.: Jugend und Subkultur. München 1972, S. 158 ff.

Baacke, D.: Peergroups und Jugendkultur: Formen des Gruppenlebens und seine Funktionen. In: Neue Sammlung, Heft 5 / 1982, S. 468-480

Batel, G.: Gruppenbezogenes Musikverhalten bei Kindern und Jugendlichen. In: Musikpädagogische Forschung, Band 6: Umgang mit Musik, Laaber 1985

Berghaus, W. / Kleem, H. / Schnieders, H.-W.: Musik in der offenen Jugendarbeit. Regensburg 1980

Bruhn, H. / Oerter, R. / Rösing, H. (Hrsg.): Musikpsychologie. München/Wien/Baltimore 1985

Buddenmeier, H. / Strube, J.: Die unhörbare Suggestion. Forschungsergebnisse zur Beeinflussung des Menschen durch Rockmusik und subliminale Kassetten. 2. Aufl. Stuttgart 1990

Clemens, M.: "Warum so laut?" Über die Wahrnehmung körperlicher Ereignisse beim Hören von Rockmusik. In: Musikpädagogische Forschung, Band 7: Unterrichtsforschung, Laaber 1986

Dollase, R. (u.a.): Rock-People oder: Die befragte Szene. Frankfurt a.M. 1974

Flender, R. / Rauhe, H.: Popmusik. Geschichte, Funktion, Wirkung und Ästhetik. Darmstadt 1989

Frith, S.: Jugendkultur und Rockmusik. Hamburg 1981

Gastiger: Gesetzestexte für Sozialarbeit und Sozialpädagogik. Studienausgabe, Stand: 30. Juni 1993, Lambertus-Verlag Freiburg

Halbscheffel, B. / Kneif, T.: Sachlexikon Rockmusik. Instrumente, Stile, Techniken, Industrie und Geschichte. Reinbek bei Hamburg 1992

Hering, W. / Hill, B. / Pleiner, G. (Hrsg.): Praxishandbuch Rockmusik in der Jugendarbeit. Opladen 1993

Hering, W. / Widmer, M.: Schlauer mit Rock-Power. Rockmusik in der Jugendbildungsarbeit. In: Sozial Extra, Heft 12 / 1986, S. 36-37

Hußing, U.: Rockmusik und Identität. In: deutsche Jugend, Jg. 30 / 1982, S. 311-321

Initiative für Kultur- und Bildungsarbeit (Hrsg.): action, attraction, satisfaction. Rockmusik und Jugendarbeit. Zielgruppenorientierte Jugendhilfepraxis zwischen Kulturerlebnis und Erlebniskultur. Offenbach a.M. 1993 (Gebundenes Manuskript)
Kontaktadresse: M. Koch, Schubertstraße 9, 63110 Rodgau

Jittler, W.: Pädagogische Arbeit in einem Musikstudio. Überlegungen zu einer zeitgemäßen Freizeitpädagogik in der Kinder- und Jugendhilfe. In: Unsere Jugend, Jg. 41 / 1989, S. 250-255 (Heft 6/89)

Jogschies, R. (Hrsg.): Rock & Pop '89. Kritische Analysen. Kulturpolitische Alternativen (II). Hagen 1991

Jost, E.: Sozialpsychologische Faktoren der Popmusik-Rezeption. Mainz 1976

Kauffmann, H. (Hrsg.): Creifelds Rechtswörterbuch. 11. Auflage München 1992

Kessler, D.: Rock & Pop. So macht man einen Hit! 2. Auflage Berlin 1989

Kleinen, G.: Zur Psychologie musikalischen Verhaltens. Frankfurt am Main/Berlin/München 1975

Liede, M. / Ziehe, T.: Hunger nach Intensität. Ein Gespräch über den Musikkonsum der Jugend. In: deutsche Jugend Jg. 30 / 1982, S. 303-310 (Heft 7/82)

Metzger, A.: Einer, der kein Rock 'n' Roller ist, dreht sich um und geht. Berichte und Materialien von Amateur-Rock-Gruppen. In: Ästhetik und Kommunikation, Jg. 10 / 1979, Heft 35, S. 11-25

Müller, K. D.: Musik in der sozialpädagogischen Arbeit mit verhaltensgestörten Kindern und Jugendlichen. In: Unsere Jugend, Jg. 40 / 1988, S. 276-279 (Heft 7/88)

Münder, J. (u.a.): Frankfurter Lehr- und Praxiskommentar zum KJHG. Münster 1991

Nacke, W.: Kebabträume in der Mauerstadt. Rockmusik mit ausländischen Jugendlichen in einer Ausbildungswerkstatt. In: Sozial Extra, Heft 12 / 1986, S. 34-35

Neugebauer, B.: Konzeption Feministischer Mädchen-Kultur-Arbeit. Die Musikwerkstatt Reutlingen. In: Offene Jugendarbeit, Heft 4 / 1992, S. 39-44

Niketta, R.: Musik und Gruppenstrukturen von Rockmusikgruppen. In: Zeitschrift für Gruppendynamik, Jg. 17 / 1986, S. 95-105 (Heft 1/86)

Ortmann, P. / Porcher, D. (Hrsg.): Musikwerkstätten - Zunkunft der Szene ?! Dokumentation aus Anlaß einer Tagung vom 14. - 16. Oktober 1988 in der Akademie Remscheid. Remscheid 1989 (Kontaktadresse siehe Praxisprojekt Musikwerkstatt Reutlingen)

Pohl, M.: Konzeptionsgestaltung und Kreativitätstraining. Das Konzept: Lernen und Motivieren mit kreativem Marketing. Frankfurt a.M. (Manuskript ohne Jahresangabe und Beschreibungen der Seminare "Wir machen einen Hit" und "Wir machen einen Song") Adresse: Manuela Pohl, Grempstraße 26, 60487 Frankfurt/M., Tel. 069/708852 (privat) oder 069/778592 (geschäftlich)

Porcher, D.: Populäre Musik als Bestandteil sozialer Kulturarbeit. In: Offene Jugendarbeit, Heft 4 / 1992, S. 45-50

Porcher, D. / Ortmann, P. (Hrsg.): Musikwerkstätten - Zunkunft der Szene ?! Dokumentation aus Anlaß einer Tagung vom 14. - 16. Oktober 1988 in der Akademie Remscheid. Remscheid 1989 (Kontaktadresse siehe Praxisprojekt Musikwerkstatt Reutlingen)

Quenstedt, F.: Beobachtung eines Rock-Konzertes - auch hier tut pädagogische Aufarbeitung not. In: Unsere Jugend, Jg. 41 / 1989, S. 55-58 (Heft 2/89)

Rauhe, H. / Flender, R.: Popmusik. Geschichte, Funktion, Wirkung und Ästhetik. Darmstadt 1989

Revers, W.: Das Musikerlebnis. Düsseldorf/Wien 1970, S. 132 f.

Seidel, A.: Musik in der Sozialpädagogik - dargestellt am Beispiel Randgruppenarbeit. Wiesbaden 1976

Seidel, A.: Soziale Kulturarbeit am Beispiel Musik. Regensburg 1980

Slevec, K.: "Lernen & Lärmen" Musikworkshop für Ein-, Um- und WeitersteigerInnen in Rock, Pop und Jazz im Esslinger Komma. In: Offene Jugendarbeit, Heft 4 / 1992, S. 33-38

Spengler, P.: Rockmusik und Jugend. Bedeutung und Funktion einer Musikkultur für die Identitätssuche im Jugendalter. Frankfurt/M. 1985

Stadtjugendausschuß e.V. Karlsruhe (Hrsg.): Dokumentation zur Fachtagung "Jugend-kultur und Rockmusik", 10. - 12. Juni 1992. Karlsruhe 1992 (Kontakt: Stadtjugendausschuß e.V., Tel.: 0721/133-5601 oder -5600, Fax: 0721/133-5609)

Tennstedt, F.: Rockmusik und Gruppenprozesse. München 1979

Terhag, J.: Populäre Musik und Jugendkulturen. Über Möglichkeiten und Grenzen der Musikpädagogik. Regensburg 1989

Voullième, H.: Die Faszination der Rockmusik. Überlegungen aus bildungstheoretischer Perspektive. Opladen 1987

Witte, W. / Nutz-Voiges, R.: Pop: Musik und Mode in der Jugendarbeit. In: Päd.Extra, Heft 7/8 1986, S. 58-61

Ziehe, T. / Liede, M.: Hunger nach Intensität. Ein Gespräch über den Musikkonsum der Jugend. In: deutsche Jugend Jg. 30 / 1982, S. 303-310 (Heft 7/82)

Zinnecker, J.: Jugendkultur 1940-1985. Opladen 1987

Praxis-Projekte

Frauen-Musikmobil:
Kontaktadresse: LAG Rock in Niedersachsen, Kornstraße 37, 30167 Hannover,
Tel. 0511/7011050, Fax 0511/7011079
Frauen-Musikmobil der Landesarbeitsgemeinschaft (LAG) Rock in Niedersachsen e.V. (Faltblatt und Zeitungsausschnitte)

Kreuzberger Musikalische Aktion e.V.:
Kontaktadresse: Verein Kreuzberger Musikalische Aktion e.V., Waldemarstraße 37, 10999 Berlin, Tel. 030/6157326, Fax 030/726910
Konzeptioneller Ansatz für den Aufbau des Vereins Kreuzberger Musikalische Aktion, Berlin 1988 (Manuskript)
Schulze-Eggebrecht, W.: Stabilisierungsmaßnahmen und Förderung sozial- und interkulturell-integrativer Prozesse bei Kreuzberger Kindern und Jugendlichen durch die Realisierung musikbezogener Projektarbeit. Berlin 1988 (Manuskript)

Antrag auf Finanzierung der Einrichtung "Kreuzberger Musikalische Aktion e.V." aus Mitteln des Landeshaushalts Berlin. Oktober 1992 (Manuskript)

Verband von Kinder- und Jugendprojekten in Kreuzberg SO 36 e.V. (Hrsg.): Musiktheater - Arbeitstitel: "Spreer/in" - Kulturübergreifendes Projekt für Kreuzberger Kinder und Jugendliche im Alter von 10-16 Jahren (Manuskript)

Laß' 1000 Steine rollen!:

Kontaktadresse: "Laß' 1000 Steine rollen!" Hilfe für alkoholgefährdete Kinder und Jugendliche e.V., Spohrstraße 1, 22083 Hamburg

Jahresbericht der Hilfe für alkoholgefährdete Kinder und Jugendliche e.V. Hamburg mit den Projekten "Laß' 1000 Steine rollen!", "Kompaß", "Mobile Spielaktion"

Musikmobil 'Soundtrack' & Musikhaus Knielingen:

Kontaktadresse: Stadtjugendausschuß e.V., SOUNDTRUCK - Das Musikmobil, Saarlandstraße 16, 76187 Karlsruhe, Tel. 0721/566341, Fax 0721/566342

Hilfrich, M. / Semmler, W.L: Konzeption "Sozialpädagogische Jugendarbeit mit Popularmusik" Musikmobil 'Soundtrack' & Musikhaus Knielingen. April 1993 (Dokumentation)

Musikwerkstatt Botnang:

Glöckler, U.: Die Musikwerkstatt Botnang in Stuttgart. In: Hering/Hill/Pleiner 1993

Musikwerkstatt Reutlingen:

Kontaktadresse: Kulturwerkstatt e.V., Museumstr. 7, 72764 Reutlingen, Tel. 07121/320335

Lever, W. / Opdenhoff, H. E. (Redaktion): Die Musikwerkstatt. Reutlingen 1993 (Dokumentation)

Neugebauer, B.: Konzeption Feministischer Mädchen-Kultur-Arbeit. In: Offene Jugendarbeit, Heft 4 / 1992, S. 39-44

Musikworkshop im Esslinger Komma:

Slevec, K.: "Lernen & Lärmen". In: Offene Jugendarbeit, Heft 4 / 1992, S. 33-38

Rockmobil Hessen:

Kontaktadresse: Landesarbeitsgemeinschaft Soziale Brennpunkte Hessen e.V., Moselstraße 25, 60329 Frankfurt/M., Tel. 069/250038, Fax 069/235584

"Rockmobil. Die Rollende Musikschule in hessischen sozialen Brennpunkten". Ein Projekt der Landesarbeitsgemeinschaft Soziale Brennpunkte e.V., Frankfurt/M. 1988 (Dokumentation)

Landesarbeitsgemeinschaft Soziale Brennpunkte Hessen e.V.: Modellprojekt. Musikpädagogische Arbeit mit benachteiligten Jugendlichen aus beruflichen Fördermaßnahmen. Rockmobil Verbund Kassel. Zwischenbericht 1990-1991. 2. Modelljahr.

Pleiner, G.: Rockmobil. Ein Konzept kommt 'rüber... Materialien 1987-1992.

Schimpf, E.: Rockmobil. Frankfurt/M. 1993 (Dokumentation)

Rockmusikprojekt Krefeld:

Kontaktadresse: IB-Jugendsozialwerk e.V. - Beratungsstelle für jugendliche Aussiedler,

Königstraße 153, 47798 Krefeld, Tel. 02151/801677

Rieger, G.: "Rockmusikprojekt". Dokumentation über das Rockmusik-Projekt des IB-Jugendsozialwerk e.V. Beratungsstelle für jugendliche Aussiedler in Krefeld. (Manuskript) Dokumentation des Rockmusikprojektes im Jugendgemeinschaftswerk Krefeld. Stand: Januar 1992 (aktuelles Manuskript): Praxisbeispiel zur Eingliederung jugendlicher Aussiedler; Konzept zur sozialen Gruppenarbeit mit straffälligen Jugendlichen im Rockmusikprojekt Krefeld; Offenes Rockmusikprojekt; Die Rockband des Tagesinternates; Das Rockmobil des Jugendgemeinschaftswerkes Krefeld

Musikalische Lehrbücher

Agresta, R.: Rock Jam Trax for Guitar. Stereo Audio Cassette With Book, Amsco Publications, New York/London/Sydney 1990

Agresta, R.: Classic Rock Jam Trax for Guitar. Stereo Audio Cassette With Book, Amsco Publications, New York/London/Sydney 1992

Baumann, R.: Rockguitarscales. AMA-Verlag, Brühl 1990

Bursch, P.: Rockballads. AMA-Verlag, Brühl 1991

Bursch, P. / Heuser, K.: BAP für Gitarre. Edition Melodia Hans Gerig, Köln (ohne Jahresangabe)

Fischer, P.: Masters of Rockguitar. Konzepte und Techniken aus 40 Jahren Rockgitarre. Inklusiv CD, AMA-Verlag, Brühl 1991

Hanson, P.: Prolicks Hard Rock. Improvisational Concepts of the Masters. Inklusiv 6 Musikkassetten, REH Publications 1986

Harz, F.: Harmonielehre für Gitarre und Ergänzungsband mit Lösungen der Theorieaufgaben. Musikverlage Hans Gerig, Köln 1977

Haunschild, F.: Die neue Harmonielehre. Ein musikalisches Arbeitsbuch für Klassik, Rock, Pop und Jazz, Band 1 und Band 2. AMA-Verlag Brühl, Band1: 1988, Band 2: 1992

Hunt, O.: Musicianship & Sight-Reading for Guitarists. Music Sales Limited, London 1990

Kellert, P.: E-Gitarrenduette. Inklusiv CD, Leu-Verlag, Bergisch-Gladbach 1993

Kessler, D. (Redaktion): Songbook No. 5 "The Best of the Beatles". KDM-Verlag, Berlin 1991

Kumlehn, J.: Rock-Guitar Harmonics. Das Grundlagenwerk für jeden Gitarristen. Inklusiv CD, AMA-Verlag, Brühl 1993

Lonardoni, A.: Schule für Elektrobass. Die erste vollständige Lehrmethode. Bund-Verlag, Köln (ohne Jahresangabe)

Lonardoni, A.: Play along Rock Gitarre. Inklusiv Musikkassette. Bund-Verlag, Köln 1988

Marron, E.: Die Rhythmik-Lehre. Ein musikalisches Arbeitsbuch für Instrumentalisten,

Sänger und Tänzer in Klassik, Rock, Pop und Jazz. AMA-Verlag, Brühl 1990

Mock, D.: Hot Licks. Rock, Blues, Country, Jazz und Modern Phrases for Guitar. Inklusiv Musikkassette, REH Publications, Seattle 1978

Moser, J.: Rock-Piano, Band 1 und Band 2. Inklusiv Musikkassette, Verlag B. Schott's Söhne, Mainz 1982

Pöhlert, W.: Grundlagenharmonik. Verlag Werner Pöhlert, 4. Auflage Bensheim 1993

Sönderup, M.: Improvisieren - kein Problem. Inkl. Musikkassette, Bund-Verlag, Köln 1990

Stetina, T.: Heavy Metal Rhythmus Gitarre, Band 1. Inklusiv CD, Hal Leonard Publishing Corporation, Milwaukee 1992

Torris, F.: Rock-Gitarre. Alles über die Technik der Lead- und Rhythmus- Gitarristen. Musikverlag Hans Sikorski, Hamburg 1982

Vincent, P.: Das Rock Guitar-Buch. PPV Presse Project Verlags GmbH, Bergenkirchen 1993